天空多么希腊

徐志摩与邵洵美

TIAN KONG DUO ME XI LA

XU ZHI MO YU SHAO XUN MEI

陶方宣◆著

新华出版社

图书在版编目（CIP）数据

天空多么希腊：徐志摩与邵洵美 / 陶方宣著. —北京：新华出版社，2016.7

ISBN 978-7-5166-2600-9

Ⅰ. ①天… Ⅱ. ①陶… Ⅲ. ①徐志摩（1896—1931）—传记 ②邵洵美（1906—1968）—传记 Ⅳ. ①K825.6-64

中国版本图书馆CIP数据核字（2016）第132163号

天空多么希腊：徐志摩与邵洵美

作　　者： 陶方宣

选题策划： 蒋小云　　**责任编辑：** 蒋小云
责任印制： 廖成华　　**封面设计：** 李尘工作室

出版发行： 新华出版社
地　　址： 北京市石景山区京原路 8 号　　**邮　　编：** 100040
网　　址： http：//www.xinhuapub.com
经　　销： 新华书店
购书热线： 010-63077122　　**中国新闻书店购书热线：** 010-63072012

照　　排： 李尘工作室
印　　刷： 北京凯达印务有限公司
成品尺寸： 165mm × 230mm
印　　张： 15　　**字　　数：** 193千字
版　　次： 2016年9月第一版　　**印　　次：** 2016年9月第一次印刷

书　　号： ISBN 978-7-5166-2600-9
定　　价： 28.80元

目录

序

第一章 欧风美雨

第四章　穷途末路

附录

序　宝蓝色的天空

如果说上海是中国城市的一个异端，那么徐志摩与邵洵美就是中国诗人里的两个异秉。如果说上海是现代文明在中国的一块“飞地”，那么徐志摩与邵洵美就是现代文学在中国的两个“飞人”——文化与经济一样，都有恃强凌弱的本性。中国的农耕与专制无法孕育的海派文化，便在殖民者洋枪火炮的挟持下呼啸而来，强行复制、粘贴。仿佛一夜之间，农耕中国便拥有了摩登的异端的上海，拥有了徐志摩或邵洵美这样唯美的天才的异秉。

农耕总是与专制紧密结合在一起，因为农耕的愚昧正是专制的基础。农耕孕育专制就如同癌体上长出毒瘤一样理所当然，专制只能让所有的脑瓜变成傻瓜——那是黑暗无边的岁月，也是鼠目寸光的光阴，农耕生活日出而作日落而息，秫秸秆、竹篦片插成的窗户外，是亘古无边的暗夜。偶然有几盏桐油灯、菜油灯、棉油灯，乃至后来的煤油灯，灯芯摇摇晃晃忽闪忽灭如鬼火，呼啸而过的寒风一如鬼叫。所以鬼与神总是出没在农耕的夜晚，漆黑一片的夜晚，长夜漫漫，中国人生活在暴政淫威之下，只好闷头睡觉。昏头昏脑睡了五千年，这一觉睡得太漫长了。只有到了老上海时代，中国人才猛然惊醒——一种现代的文明的新生活把漆黑如墨的长夜点亮了，霓虹闪闪照亮了大都会之夜，高楼大厦如雨后春笋，广播电台女歌手娇语莺莺。爵士乐声中，交际花与老克腊们粉墨登场，在百乐门与“大世界”夜夜狂欢。是周璇还是姚莉在唱，其实周璇、姚莉们都在唱：“夜上海，夜上海，你是个不夜城，华灯起，车声响，歌舞升平——”

中国就从这里开始与欧美同步与国际接轨，汽车、洋房、舞厅、酒吧、报馆、影院——一种全新的新生活在老上海上演。新生活的兴起是新时代的标志，如同中国前所未有的霓虹灯，它是妖媚的、迷离的、狂欢的、情色的。这是中国土地上前所未有的民国之夜、炫幻之夜，它是辛弃疾的“东风夜放花千树，宝马雕车香满路”，也是柳亚子的“火树银花不夜天，弟兄姐妹舞翩跹”。它纸醉金迷，它醉生梦死，它风情万种，它风华绝代。王安忆多年前说过：“中国唯一一个像城市的城市就是上海。”从前中国的城市，分明就是一个个放大的村镇，唯有在上海，在一百多年前的上海，你就能看到那种从内到外，从骨子里散发出来的迷人的都市韵味：它摩登又浪漫、它时髦又华丽，这摩登来自巴黎或伦敦，这华丽源自纽约或罗马，一条看不见的隧道将上海与海上贯通，欧风美雨呼啸而来尽情挥洒，一代代海上新人被海上风吹成了海上花，它招蜂引蝶一如狂花滥蝶：演电影的阮玲玉分明就是一个妖，穿旗袍的张爱玲其实就是一个巫。那希腊雕塑般的美男子邵洵美，他是着了魔的诗神；那情痴情种的徐志摩是中了蛊的爱神，爱到深处欲仙欲死唯有死才可以解脱——华美的海上，当然少不了华美的诗人，他们这一代人绝不会写《何满子》或《如梦令》，只会写《爱眉小札》或勃朗宁夫人的十四行：

你这从花床中醒来的香气，
也像那处女的明月般裸体，

我不见你包着火血的肌肤，

你却像玫瑰般开在我心里。

如花似玉的情人要的就是倾城之恋，才高八斗的诗人要的就是流芳百世——上海神话就是他们的神话，海上传奇就是他们的传奇。在眼下这个没有神话与传奇的时代，我们唯有回忆神话的上海传奇的上海，回忆那片令无产阶级无比愤怒的、殖民主义的宝蓝色的天空。

第一章 欧风美雨

天堂正开好了两爿大门，
上帝吓我不是进去的人。
我在地狱里已得到安慰，
我在短夜中曾梦着过醒。

——邵洵美

星星相吸，也是惺惺相惜

邵洵美与徐志摩在剑桥街头相遇，那是一九二五年，是民国最风流倜傥的黄金年代：新文化风起云涌，上海滩风华绝代。一代代内心春风鼓荡的摩登男女走出国门，走向海上大世界。对中国来说，这一切是史无前例的，前所未有的文明、前所未有的机遇，这是告别黑暗与专制、融入现代文明的第一步。新的世界就寄托在他们这一代知识分子身上，世界肯定要在这一拨全新的新人类手中发生颠覆性的嬗变。就在这样的背景下，两个现代中国最著名、最海派的诗人在浪漫之都巴黎相遇，这是命中注定的必然，也是前世今生的缘分。像天上的一颗星被另一颗星所吸引——是星星相吸，也是惺惺相惜。

邵洵美一九二四年春天来到英国剑桥大学伊曼纽学院攻读政治经济专业，这是绝大多数中国富二代的最佳选择：学成之后回国经商，对他们来说，这是一条稳妥的、恰当的、尊贵的职业之路。邵洵美喜欢交游，一到放假就闲不住。当年暑假，他与同住在导师家的同学刘纪文一同到巴黎玩。在这里，他和正在法国学习绘画的徐悲鸿、张道藩、蒋碧微，甚至张爱玲的母亲黄逸梵相识。

都是画家与文人，都是风华正茂的世家子弟，在异国他乡见面，

图1：在剑桥大学的徐志摩。

图2：邵洵美和徐志摩确实很相像。

那份热情与喜悦自不待言。邵洵美和黄逸梵两家还沾亲带故，自然比一般的上海同乡多了一份亲切。当晚，由黄逸梵做东请邵洵美和刘纪文吃饭，张爱玲的姑姑张茂渊也作陪。都说姑嫂是天敌，但是张茂渊和黄逸梵这一对姑嫂却是例外，她们情如姐妹，一同出洋，一同回家，外人甚至暗传她们俩是同性恋。黄逸梵说给张茂渊听，张茂渊一笑了之并不理会，照样和嫂子同出同进。那顿饭黄逸梵亲自下厨，张茂渊当助手。徐悲鸿、蒋碧微在一起相当熟悉，一个住在四楼，一个住在二楼，所以徐悲鸿并不客气，带着邵洵美过来大吃大喝。邵洵美尝遍海上美食，黄逸梵的几个拿手菜他并不恭维。但是能在巴黎这样的西餐一统天下的地方，吃到浓油赤酱的上海菜，还是让他喜出望外。他吃得一嘴油，对黄逸梵说："看来，以后馋虫病犯了，就来找你。"黄逸梵说："行，你出银子我做菜，没话说。"大家都在背后听说过邵洵美一掷千金的爽快和大方，等着他回请一次。

邵洵美绝不会食言，他后来在巴黎最著名的中餐馆里回请了这一帮子男男女女。那天张茂渊也去了，她是从来不曾放过这样的文人雅集。她正好坐在徐悲鸿身边，看了看邵洵美，然后说："你们发现没有，邵先生很像一个人——不是像，他们简直就是一个人。"酒席上顿时一片哗然，徐悲鸿抢着说："我正想说，他太像我志摩兄了。"他转身对邵洵美说："不错，我还有一句话忘记对你说，我明天要为你画张素描。碧微、老谢、我们全以为你最像我们的兄弟志摩，他是一品诗人，江南才子。你也是一品诗人，海上才子。"大家一片应和。邵洵美说："我看过徐志摩的诗，我也喜欢，怎么那么多人说我像徐志摩？看来，这个志摩我也要认他做兄弟了。"

邵洵美回忆前不久在剑桥大学发生的一件事：剑桥里有一个老头，叫戴维，摆着个小书摊，就在剑桥那个桥头不远的地方，他不知看过多少剑桥学子后来成为名流大家。当时他们都是穷学生，就在他的书摊前走来走去，有时候也停下来买上几本旧书。他的书摊一摆就是三十年，早成了剑桥大学的一部分，成了剑桥文化品格的象征。邵洵美喜欢淘书，经常去那里淘书，每次都可以淘到好书。戴维仿佛眼睛不太好，每次去都要凑在他脸上看半天，然后说："你是不是姓徐？或者姓许？苏？"这些字的英语发音都差不多。邵洵美摇头说："不是，我不姓徐，我姓邵，邵洵美。"戴维说："有个姓徐的学生，也经常来淘书，他和你长得一模一样，他要翻译《拜伦全集》，要我给他留着这方面的书。"邵洵美问他："是不是叫徐志摩？"戴维笑眯眯地说："我不知道，他是个诗人，姓徐，我只知道这一些，他的老家在中国的黑龙江。"邵洵美认定这个不对，徐志摩的家从来没听说过在黑龙江。

隔了几天，邵洵美上伦敦去，在古奇街的互助工团里遇见陈宝锷，说起这件事，陈宝锷说："做诗的是有一个徐志摩，可是他的老家不在黑龙江。"邵洵美没有再问下去，但是他内心非常渴望见到徐志摩，这个和他长得一模一样，也都写诗的年青人，他太渴望见到他。他一定要认他做兄弟，他认为这是命中注定的事。

几天后，邵洵美又见到蒋碧微的女友蓝小姐，蓝小姐被人称为泰戈尔的干女儿。她一见到徐志摩就惊叫起来："哎呀，你太像我的哥哥徐志摩了，我一定要介绍你们认识，做朋友。"又一个人说他像徐志摩，全世界的人都认为他和徐志摩一模一样，他迫切要见到徐志摩。他问蓝小姐："你哥哥徐志摩现在在哪里？"蓝小姐说："他到美国去了，就要回来了。他是我的干哥哥，就如同我是泰戈尔的干女儿一样。因为我的干哥哥徐志摩和干爹爹泰戈尔是很好很好的朋友。"

这样的蹊跷事依然在发生，那天邵洵美见到一个共同的朋友严庄，严庄笑眯眯地说："邵先生，你长得和徐志摩一样。"邵洵美说："太多的人说我像志摩，可是到今天我连他的面也没见着。"

就在说过这话五天之后，邵洵美和陈宝锷在中华酒楼吃了午饭出来，太阳很大，春天，他们沿着剑桥大学的路往前走，预备去打几盘弹子，或是玩一下纸牌。走在他们前面有两个人，服装很整齐，身材却并不像中国人，可是帽子底下露出来的却是黑头发。靠外边的一个忽然回过头来，原来是严庄。一见到他们，严庄立刻叫他的同伴停了步，自己来到邵洵美面前，也不说什么话，拉了他又跑回到同伴那里，高声狂叫："来了，志摩，我把你的弟弟找来了——"徐志摩的亲热让你相信世界上再没有一个陌生的人，没等严庄把话讲完，两位诗人的大手早已紧紧握在一起。邵洵美上上下下打量着徐志摩，一样的美人肩，一样的葱白鼻子，一样的月牙脸。他将手握了又握，说："仁兄，我找得你好苦。"

在康河的柔波里，我甘心做一条水草

徐志摩与邵洵美相见恨晚一见如故，两个人来到最近的一家咖啡馆，徐志摩问："吾兄在剑桥大学就读什么专业？"邵洵美回答说："政治经济学。"徐志摩一听，有点遗憾。邵洵美说："家里逼着我学政治经济学。"徐志摩说："正是这样，真是奇怪得很，中国人到剑桥，总是去学这一套。我的父亲也要我做官，做银行经理，到底我还是变了卦。"

两个人说到这里相视一笑，邵洵美问徐志摩："我在徐悲鸿蒋碧微那里认识一位蓝小姐，说是泰戈尔的干女儿，又说你是他干哥哥，她一定要介绍我们做朋友。"徐志摩笑起来："哦，蓝小姐，好聪明好聪明的一个女孩，也跟着我学写诗，虽然才开始，但是人家有灵气，做什么像什么，真的令人折服。她就认了我做她的哥哥，我们都热爱泰戈尔。泰戈尔的胡子真可爱，雪白雪白的，像榕树飘在空中的气根一样，她说她要做泰戈尔的干女儿，逢人就这样说，还要我做引荐人。"

两个人漫无目的地谈着，没有任何目的，有的只是相逢的喜悦，发自内心的狂喜——一样的来自中国的诗人，一样的相貌与性情。他们痴情地打量着对方，仿佛打量着另一个自己，从心底的喜爱一时不能控

图3：剑桥大学著名的康桥，徐志摩的代表作《再别康桥》。

制。时间就这样悄然流逝，半天时间过去了。看看窗外天色暗下来，徐志摩说："真是不巧，我今天是和严庄一起买船票准备回国的，刚认识了贤弟，我又要起程回国了。我是追慕大哲学家罗素来的。我后脚来，他前脚就走了，竟然到中国去了，而家里来信催我回去。"邵洵美说："贤弟回吧，相见不难，我在不久的将来也将择机回上海，弟兄们在一起，将会做出多少锦绣诗文来。"徐志摩动情起来："是这样，贤弟，我也会再来剑桥，我在这里结识过多少名流大家，剑桥的一草一木，都深深地镌刻在我的记忆里。我会再来，我一定会再来。"

徐志摩与邵洵美依依惜别，邵洵美一路相送，两个人走过剑桥风景优美的校园：小巧精致的专售中国菜的餐馆，图书馆门前洒满落叶的铸铁木椅，高大繁茂的合欢树和山楂树。正是暮春时节，合欢树落下一地鸡毛似的粉红色的花，花朵掉落在绿色草地上，梦境一般令人迷恋。走过一排排古旧的有着哥特式建筑特有的尖顶的老房子，邵洵美和徐志摩停留在戴维的书摊前。老戴维一下子惊叫起来："许？徐？苏——"他看着这一对有着希腊雕塑般面孔的中国美男子，笑得合不拢嘴。邵洵美对徐志摩说："贤弟，每次我经过他的书摊，他都会提到你。说你姓许，或者是徐，说你是诗人，要他帮你留着《拜伦全集》。还说你家在黑龙江，天哪，他把你家搬到黑龙江去了。"徐志摩得意地和老戴维击掌，说："我是和他说过的，那次我回家坐火车，穿过俄罗斯茫茫大地，最后进入中国的黑龙江，然后抵达北平。他可能听错了，以为我的家地在东北的黑龙江。"

兄弟俩看到戴维的书摊就走不动了，他们各挑了三四本书，然后夹着书又一路谈笑风生地来到了剑桥康河边。穿过草地和一行柳树，在康河的柔波上，出现一道三孔桥：康桥。清清的流水上，漂过柳叶一样的小舟，涟漪一圈圈地荡漾开来，还有青年学子爽朗的笑声随风而来。邵洵美手一指："仁兄，这是我在剑桥最常来的地方。"徐志摩心弦被拨动了，紧紧握住邵洵美的手："贤弟，这也是我最常来的地方。我在二十岁以前，对于诗的兴味远不如对相对论或民约论的兴味。正是康河的水，开启了我诗人的性灵，唤醒了久蜇在我心中的诗人的天命。"两个人走上康桥，徐志摩说："在美国我忙的是上课、听讲、写考卷、啃橡皮糖、看电影；在康桥我忙的是散步、划船、骑自转车、抽烟、闲谈、吃五点钟茶、牛油烤饼、看闲书。我到美国的时候是一个不含糊的草包，我离开自由女神的时候也还是那原封没有动；我在美国时候不曾通窍，我在康桥的日子至少让自己明白了原先只是一肚子颟顸……"他满怀深情地看着河与桥，说："我的眼是康桥教我睁的，我的求知欲是康桥给我拨动的，我的自我意识是康桥给我胚胎的。"

回上海后不久，徐志摩给邵洵美寄来手抄在朵云轩信笺上的诗作《再别康桥》：

轻轻的我走了，
正如我轻轻的来，
我轻轻的招手，
作别西天的云彩。
那河畔的金柳，
是夕阳中的新娘，
波光里的艳影，
在我的心头荡漾。
软泥上的青荇，
油油的在水底招摇。
在康河的柔波里，
我甘心做一条水草。
那榆荫下的一潭，

不是清泉，
是天上虹，
揉碎在浮藻间，
沉淀着彩虹似的梦。
寻梦？撑一支长篙，
向青草更青处漫溯，
满载一船星辉，
在星辉斑斓里放歌。
但我不能放歌，
悄悄是别离的笙箫。
夏虫也为我沉默，
沉默是今晚的康桥。
悄悄的我走了，
正如我悄悄的来。
我挥一挥衣袖，
不带走一片云彩。

天狗会里，那一帮狗男狗女

就是和徐志摩的一番谈话，竟然改变了邵洵美的人生走向，他矛盾了两个夜晚，断然放弃了剑桥大学依曼纽学院政治经济专业，转而研读英美文学，而且不和家里人打招呼，完全自作主张。他知道即使告知他们也绝不会得到同意，他想依靠自己的兴趣爱好来安排自己的人生，他要走一条他的仁兄徐志摩正在走的诗人之路，这是他最痴迷的生命风景，只有这样做才可以安抚他一颗汹涌澎湃的心。徐志摩说："正是康河的水，开启了我诗人的性灵，唤醒了久蜇在我心中的诗人的天命。"那么此刻，他邵洵美何尝不是这样？康河的水其实只是一条静静的流水，与他的故乡上海滩那些陆家浜、肇家浜的河流并无什么不同。不同的是包容、多元的伦敦、巴黎、纽约等都会的现代文明，飓风般强烈冲击着诗人的心灵。从大洋这个角度眺望中国内陆，他坐立不安，不知道从哪个地方着手才可以改变中国，改变他自己。他无法再过那一成不变的富家子弟生活，他渴望创造、渴望倾泻，他的内心像一座即将喷发的活火山。

邵洵美带着激情融入到剑桥生活中，那时候，上海因为殖民文化的长久浸淫也渐渐躁动不安，生活方式的改变必然导致人们的文化观念

图4：有着希腊雕塑般面孔的美男子邵洵美。

的嬗变。或者说文化观念的嬗变必然要影响人们的行为方式，这是相辅相成的。受着现代文明的感召，中国人，特别是中国文化工作者也开始蠢蠢欲动。留学法国的一批画家，成立了一个全新的美术团体“天马会”，发起人有刘雅农、刘海粟等。徐悲鸿当时参加了法国国家春季美术沙龙，他的油画《老妇》入选了在法国莱茵河宫举办的中国美术展览，这是一次中国留欧学生绘画艺术大展示。就在这次聚会上，徐悲鸿从林风眠嘴里听到刘海粟的“天马会”后，也不服输，他是决定留学回国后要做第一位全新的职业画家。在美展结束后，他对邵洵美说：“我们不能输给‘天马会’，干脆，我们也成立了一个泛艺术团体，就叫‘天狗会’。在欧洲留学的同学人才辈出，我们经常聚在一起，谈政治、谈艺术，互相学习与借鉴，也可以请剑桥、伦敦大学一流的学者来讲课，这样的活动不是很好吗？”

邵洵美立马赞同，当下和谢寿康、孙佩苍、张道藩等人一说，众人都说好。当晚邵洵美做东，在咖啡馆和一帮“天狗们”畅谈艺术与人生，开心极了，当即“封官加爵”：孙佩苍是军师、郭子杰是总干事、蒋碧薇戏称为“压寨夫人”。徐悲鸿说：“我们的活动，总得有个场地。”他把目光投向邵洵美，剑桥学生都知道邵家是海上大家，有的是钱，邵洵美又一向豪爽。邵洵美也明白众人眼光投向他的意思，微笑着说：“不就是钱嘛，我来出好了。”

邵洵美花重金在巴黎附近乡村租了一处有庭院的房舍，对面就是卢森堡公园，还有一家咖啡馆。“天狗们”纷至沓来，虽然他们专业不一，有学医的、画画的，有研究政治的，也有像邵洵美这样弄诗歌的，但统一的话题就是文学与艺术、新近出版的小说、即将上演的话剧和开展的画展。“天狗们”读书、看剧、参展，忙得不亦乐乎。邵洵美尤其积极，有一次他和谢寿康单独活动，两人到了一个叫“黑猫洞”的咖啡馆，听那些法国诗人吟咏他们的诗歌，那怪异的姿态、诡异的氛围加上现代诗的魅力，邵洵美深深地被吸引了。在这里他结识了法国著名诗人葛莱和中国的梁宗岱。他用中文朗读歌德的《浮士德》，抑扬顿挫的音律之美把在场的诗人感动得当场落泪。

邵洵美心甘情愿地当起了“天狗会”的后台老板，虽然口袋里的银子哗啦啦地流失，但是他很开心，并不在意。发展到后来，这帮“狗男狗女”们很多人一日三餐全在“天狗会”里解决。他开始迷惑不解，后来还是谢寿康向他道出了内里实情：原来，国内政局变幻，军阀混战，哪里还有人理会远在海外的留学生？徐悲鸿等人的留学生官费完全中断，生活陷入困顿，甚至靠蒋碧薇帮别人缝补衣服补贴家用。某天家中无米之炊，蒋碧薇出门借钱，转了一圈羞于开口，只好回家，两人关起门来饿了一天。邵洵美得知后，一面电报家中汇款，一面拿出手头全部积蓄，在“天狗会”办起了免费食堂，招待各路留学生。不管是不是“狗男狗女”，只要肚子饿了，都可以进来免费吃喝。邵洵美的“孟尝君”之名，就这样传了出去，以至有人走投无路，求助于中国驻伦敦大使馆。使馆工作人员却对他说：“你找我们不如去剑桥找邵洵美，他的做派真的是大方，而且有的是钱，我们都叫他‘活银行’。”

缪斯引领，像飞蛾扑向火光

春天，邵洵美坐邮船出游，经过意大利那不勒斯市，他特地下船游览了这座有六百年历史的古城。古城太多，并不都能吸引邵洵美，但是那不勒斯市完全不同，这里有一座举世闻名的珍宝——希腊神话中爱与美的女神维纳斯石像。

他独自一人来到国家博物院，上到二楼，就被一块残破的壁画吸引住了。那方仅仅两尺来宽的破壁画上，画着一位西方女子，她表情模糊、身体残缺。但是那线条柔和的面孔却清晰可见，并散发出一种夺人心魄的光辉。特别是那双眼睛，专注地痴情地凝视着邵洵美，那是一种充满魔力的目光，带着圣母的慈爱和缪斯的忧伤，诱惑着邵洵美，搅乱了他的灵魂。他战栗起来，燃烧起来，两只脚像生了根似的，再无法挪动。不知怎么回事，面对着石像上的女神他想跪下来，想痛哭一场，把前世今生的苦难统统向她倾诉。然后投入到她的怀抱，像受洗的圣婴那样一尘不染地接受她阳光般春天般的抚摸。脑子里这样想着，双膝却自动一软，情不自禁地重重跪下来，然后泪流满面。

博物馆的工作人员被这位中国青年的举动吓了一跳，忙将他拉起来，然后告诉他：“如果我没有说错的话，也许你这位先生拜错了神，

图5：古希腊女诗人萨福，邵洵美心中的偶像。

图6：萨福诗歌残稿。

图7：邵洵美在庞贝古城遗址。

你心目中爱与美的女神维纳斯，其实在三楼上。”邵洵美站起来，浑身还在微微战栗：“我知道维纳斯在楼上，我也是特地为了欣赏维纳斯而来——但是这也没错，我先被她痴迷，我认为她就是爱与美的化身，这也没有错。你能告诉我，她是什么神？”工作人员和蔼地说：“她不是神，她是古希腊女诗人萨福，一个痴迷写诗的女诗人。”邵洵美拍拍额头，仿佛明白了什么：“那我没有拜错，她的目光像火光一样烧灼着我，在她的目光中，我随时可以燃烧。”他再一次把目光投向壁画上的萨福，心头顷刻间响起萨福的呼唤：来吧，走向我吧，我的洵美！邵洵美失魂落魄地走到壁画前，抚摸着萨福残缺不全的身体，然后再次深深地跪下来。

邵洵美心中自此就有了萨福一个位置，但是无论在剑桥依曼纽，还是在罗马翡翠冷，人们对萨福一无所知。后来偶然遇到一位慕尔教授，他对萨福赞不绝口，说她写了九卷诗歌，有抒情诗、颂歌和挽歌等，是古希腊诗歌创作的高峰之一，柏拉图称之为“第十位诗神”。

邵洵美从慕尔教授那里得到一本《希腊抒情诗》，其中收有萨福的《爱神颂》和《女神歌》。浪漫、唯美的古希腊诗歌让邵洵美如醉如痴，他一头扎进萨福的世界难以自拔。后来凭借他天马行空的想象力、合乎逻辑的虚构以及热情奔放的精美诗句，他写出了一部诗剧《萨福》，在剑桥大学出版后，全学院为之轰动。而此时的邵洵美激情澎湃，提笔一挥而就，又给萨福写下一首诗：

你这从花床中醒来的香气，
也像那处女的明月般裸体，
我不见你包着火血的肌肤，
你却像玫瑰般开在我心里。

邵洵美带着一腔热血和一怀西海岸的季风登上了回上海的轮船，途经新加坡，在岸上一家不知名的小书店，发现一本上海出版的文艺刊物《狮吼》，细读几页，激赏不已。刊物是创造社同人章克标、方光焘、滕固等人刚刚创办的一本刊物。章克标在发刊词中说，狮吼社同人都有点半神经病，他们沉溺于唯美派，喜好波德莱尔、魏尔伦、王尔德。并提出为艺术而艺术的主张，尊尚新奇、爱好怪诞。

邵洵美读到最后大惊失色，朦胧中自己在剑桥慢慢形成的行为方式、艺术主张，竟然与狮吼社同人如出一辙，一时如获至宝。回到上海后当即叫上徐志摩，两人一同按着刊物上标明的地址，寻访到狮吼社。他认定他将来在上海滩要做的一件大事，就是办杂志、搞出版，而刚刚面世的《狮吼》，无疑是他心目中最理想的事业样本。他们来到的那天，《狮吼》社“狮子头”章克标和滕固先生都在，几个人一见如故，相谈甚欢。邵洵美酒后决定斥巨资创办杂志，而且，一定要弘扬他的唯美的颓废的艺术主张。在他们交谈中，一些人文理念、一些艺术设想、一些激情和一些渴望，正是海派文明萌发的叶芽，这全新的文学、美术、戏剧、电影的涓涓细流，正点点滴滴地汇集，最终汇成一片茫茫大海。

形影不离，两个女人显得多余

邵洵美一回家，家里空前热闹起来，斜桥邵家那上海滩著名的老宅子，上上下下全行动起来，就为了给邵家少爷邵洵美举办婚礼。

豪门婚礼一向非常奢侈，更何况海上斜桥邵家，豪门中的豪门，那种排场一般百姓见到肯定要咋舌。邵洵美看到婚房满堂古典式家具，皱起了眉头："这种老古董我不喜欢，一定要换，肯定要换。"他这样随口一说，家里马上拿出巨款让他自己去挑选。邵洵美很开心，接过钱叫上未婚妻盛佩玉两人一同来到大西路上的吴宅。盛佩玉好生奇怪："我们不是去买家具吗？怎么到这里来了？这是什么人家？"邵洵美故意不说："这是吴德生家，吴院长，你不知道？东吴大学法学院院长。"盛佩玉说："我听说过，我们到他家来做什么呢？"邵洵美笑眯眯地说："进去你就知道了。"

原来，徐志摩和京都名媛陆小曼结婚后，刚刚南下上海，借住在吴德生家。邵洵美敲了敲门，出来开门的，正是徐志摩。看到邵洵美，两人紧紧拥抱在一起。邵洵美说："仁兄，分别以来，日日思君不见君——"徐志摩说："贤弟，我也是。"两人拍肩打掌正亲热得没完没了，一抬头，徐志摩发现邵洵美身后站着一位漂亮的、温文尔雅的小

图8：京都名伶陆小曼。

图9：海上诗人邵洵美。

姐，不用说，就是弟媳盛佩玉了，忙上前招呼：“哎呀，这位一定是茶姐了，有失远迎，请，请。”盛佩玉很吃惊，徐志摩竟然开口叫她“茶姐”。她生于农历十一月，正是茶花盛开的时候，看着院子里一朵朵红红的茶花，朝廷邮政大臣盛宣怀给这位刚刚出世的孙女取乳名为“茶”，外人根本不知道。看来，这个邵洵美和他的仁兄徐志摩无话不谈，竟然把她的乳名也告诉了人家。盛佩玉红了脸，进了徐志摩华贵的居室，一个漂亮得有点炫目的女子正微微含笑地站在那里，一头柔柔的秀发，一双妩媚的明眸，把盛佩玉和邵洵美看呆了。两个人都知道，这个令人惊艳的女子，一定就是徐志摩新娶的太太陆小曼。

陆小曼上前与盛佩玉招呼，亲热间，楼上又下来几位贵客：翁瑞午和张嘉铸。供职于江南制造局的翁瑞午，是杭州世家子弟，也是陆小曼的老朋友。张嘉铸则是徐志摩前妻张幼仪的弟弟，几个人围坐喝茶，一时高谈阔论，竟然把盛佩玉和陆小曼遗忘在一旁。盛佩玉略有不快，几次用眼神暗示邵洵美别忘了去家具公司。但是很显然，邵洵美把这事忘了，只顾和徐志摩谈他即将面世的第一本诗集《天堂与五月》。翁瑞午和张嘉铸也极有兴趣，邵洵美说得动情起来，起身吟咏：

啊欲情的五月又在燃烧，
罪恶在处女的吻中生了，
甜蜜的泪汁总引诱着我，
将颤抖的唇亲她的乳壕。
这里的生命像死般无穷，
像是新婚晚快乐的惶恐，
要是她不是朵白的玫瑰，
那么她将比红的血更红。
啊这火一般的肉一般的，

光明的黑暗嘻笑的哭泣，
是我恋爱的灵魂的灵魂，
是我怨恨的仇敌的仇敌。
天堂正开好了两片大门，
上帝吓我不是进去的人。
我在地狱里已得到安慰，
我在短夜中曾梦着过醒。

盛佩玉没办法劝阻，只好与陆小曼相视一笑，到她的闺房中去聊女人间的话题。邵洵美聊到吃饭时间，看看时间不早了，决定做东，并请来章克标等一帮狮吼社的同好吃饭，共商创业大计。他叫出盛佩玉：“你和小曼嫂子说说，去哪里比较合适？”陆小曼说：“我刚到上海，一无所知，只能客随主便。”盛佩玉说：“我只听姐妹们说，北四川路那边新开了一家新雅茶室，实在雅致得很，诸位不是酒袋饭囊，是文朋诗友，应该去这样高雅的地方。”邵洵美说：“可是我们先要喝酒吃饭才行。”盛佩玉说：“那里早晚供应茶水，午餐有菜，是广帮菜，蚝油牛肉和冬菇凤爪汤最是美味诱人，也有西餐供应。最最好的地方在于，他们家的厨房间供食客随便参观，那个卫生和干净，做得实在好。”

邵洵美一一打电话召客，将一帮人带到离得比较远的新雅茶室。果然如盛佩玉说的那么好，邵洵美马上和老板打招呼，将此地作为他与朋友聚会的联络点。所有的朋友来此聚会，只要最后报上他邵洵美的名字，都可以挂账，到月底由他来结。他将名片递给新雅老板，老板一见是海上大名鼎鼎的邵家大少爷，自然求之不得。

当天在新雅茶室，邵洵美决定创办金屋书店和《金屋》杂志，并计划出手救助徐志摩和胡适等人创办的、行将倒闭的新月社。

《金屋》上的“新月”，海上的明月

与盛佩玉结婚后，邵洵美全身心投入到海派文学事业中，第一本诗集《天堂与五月》也由光华书局出版。光华书局老板沈松泉酷爱文学，把书局办得如同作家沙龙，郁达夫、夏衍是这里的座上客，扬州才子叶灵凤也常来。邵洵美一到，这里就更加热闹。谈到日暮黄昏，邵洵美便带到新雅去喝酒吃饭，接着再谈。沈松泉虽然钟情文学，但是做事总把经济效益放在首位。邵洵美只要一提到诗集出版，他便沉默了。谁都知道诗集销路不畅，出诗集要倒贴钱。但是他再爱钱如命，毕竟大小也是个文化人，架不住众人撑腰、打气，也是相中邵洵美的才高八斗，最终还是出版了《天堂与五月》。

诗集虽然出版了，但是邵洵美并不开心。如此受制于人，这对他来说是不可接受的。本来是要在上海文化界做出一番惊天动地的大事业，现在不要说帮助各路文朋诗友，连自己想出一本小书都这么难，这是他无法接受的。他决定立即开办金屋书店，越快越好。取名金屋，源自于英国一种黄皮书——那种黄色的封面是金黄色，像金子一样，非常漂亮，连带着也让人感觉得书的高贵与尊严。

金屋书店一开张，邵洵美就出版了两本书：《一朵朵玫瑰》和《火

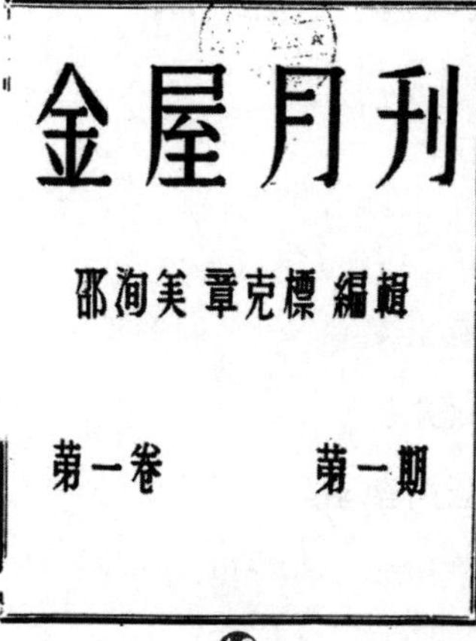

图10：《金屋月刊》第一卷第一期。

图11：《新月》创刊号。

与肉》。通过这两本诗集，他把欧美最优秀的诗人介绍到中国来：萨福、魏尔伦、高蒂蔼、罗赛蒂、史文朋、哈代、蒂爱斯黛尔等九位诗人。诗首刊有他们的简历与照片，同时对每一首诗作都配有简评。

在中国，将欧美诗人作系统性的介绍和品评，这是破天荒的第一次，《一朵朵玫瑰》和《火与肉》一出版，立马引起轰动效应。来自大洋彼岸的诗歌，在中国读者心中掀起狂涛巨澜。在读者，特别是青年学子之间，一时间萨福、哈代等成为时髦话题。萨福的那首《爱神颂》，在大学校园几乎人尽皆知：

永生的爱神，
在光华的宝座坐定。
你这天帝的孩儿，
一切烦恼是你所织成。

随着来自欧美的诗歌深入人心，邵洵美趁热打铁，又出版了第二本诗集《花一般的罪恶》：

昨日的园子

静了静了黑夜又来了，
她披着灰色的尼裳，
怀抱着忧郁与悲伤，
啊她是杀光明的屠刀——

她

在宫殿的阶下，在庙宇的瓦上，
你垂下你最柔软的一段，

好像是女人半松的裤带，
在等待着男性的颤抖的勇敢。

我不懂你血红的叉分的舌尖，
要刺痛我那一边的嘴唇，
他们都准备着了，准备着，
在同一时辰里双倍的欢欣。

我忘不了你那捉不住的油滑，
磨光了多少重叠的竹节，
我知道舒服里有伤痛，
我更知道冰冷里还有火炽。

啊，但愿你再把你剩下的一段，
来箍我箍不紧的身体，
当钟声偷进云房的纱帐，
温暖爬满了冷宫稀薄的绣被。

随着一部部史无前例的诗集出版，邵洵美这个名字在海上明月般升起。海上升明月，他便如同一轮明月，仿佛捅开了老宅里紧闭的天窗，让大海上浩浩荡荡的长风呼啸而入。无数热血男儿被这股飓风裹挟着，豪情万丈。各种类型的文艺杂志如雨后春笋，各式各样的文学流派如过江之鲫，徐志摩与胡适等人创办新月社，与郭沫若、郁达夫的创造社双峰并峙。后来徐志摩回老家省亲，胡适等人也南下上海，看到新月社成员重聚上海，徐志摩决定也开办一家新月书店，当然少不了要拉拢他的好友邵洵美加盟。

新月书店开张和《新月》杂志出版，一时间万众瞩目，都是一些响当当的文坛骁将：徐志摩、闻一多、邵洵美、胡适、张嘉铸、饶上侃、梁实秋、余上沅、潘光旦。《新月》如同一轮明月，令无数学子抬头仰望。徐志摩用心编辑《新月》，每期的稿件都是全体社员统一定稿。因为《新月》的影响力，邵洵美提议编辑一本《新月诗选》，很快就付诸行动，邵洵美和徐志摩各将自己的代表作收入其中。其中50行的抒情诗《洵美的梦》是令人惊叹的天才之作：

从淡红淡绿的荷花里开出了，
热温温的梦，她偎紧我的魂灵。
她轻得像云，我奇怪她为什么
不飞上天顶或是深躲在潭心？
我记得她曾带了满望的礼物
蹑进失意的被洞，又带了私情
去惊醒了最不容易睡的处女，
害她从悠长的狗吠听到鸡鸣——

这首诗产生了广泛的影响，陈梦家在《新月诗选》序言里写道："洵美的诗是柔美的迷人的春三月的天气，艳丽如一个应该赞美的艳丽的女人（她有十全的美），只是那缱绵是十分可爱的。《洵美的梦》是他对于那香艳的梦在滑稽的庄严下发出一个疑惑的笑。如其一块翡翠真能说出话赞美另一块翡翠，那就正比洵美对于女人的赞美。"

取意于泰戈尔的《新月集》里的"新月"，从"黄金"屋顶上升起来，慢慢孤悬海上，成为万众瞩目的海上明月。

泰戈尔访华，两兄弟亲上再加亲

徐志摩带着陆小曼来上海定居，他与邵洵美的密切交往便由文学蔓延到了生活。两个好友的太太也开始礼尚往来、互称姐妹，常常一同吃饭，一同出游，让圈中人好不艳羡。

这时候海上文坛发生了一件大事，印度诺贝尔文学奖获得者、著名诗人泰戈尔受到徐志摩的邀请来到中国上海。作为邀请者，徐志摩要准备的事情实在太多。当时他在光华大学任英文系教授，要暂时离开上海，前往北京安排接待泰戈尔的具体事务。但是校方却不准假，因为接待泰戈尔并非徐志摩的本分工作。徐志摩无奈，和校方商量妥当，决定让邵洵美来代他上课。徐志摩抱歉地对邵洵美说："我也没想到，邀请老戈爹来访，这么一件有意义的大好事竟然遭到那么多人的反对，特别是那帮左翼文化人，陈独秀、沈雁冰，还有林语堂——"邵洵美说："我已看到陈独秀的抨击泰戈尔的文章了，他认为接受泰戈尔的观点只会导致中国社会的落后与挨打。"徐志摩说："是的，林语堂甚至认为，泰戈尔以一个亡国国民的身份，竟然来尚未亡国的中国大谈精神救国，显得不伦不类。"徐志摩说："我一定要让这帮家伙闭嘴，他们算什么东西，我们要安排泰戈尔作多场报告，还要安排他与溥仪见面，要

图12：年轻的诗人徐志摩。

图13：徐志摩、林徽因与泰戈尔合影。

以实际行动扇那些家伙一记耳光。”

邵洵美显然把兄弟交代的事当成大事，为了不让同学们嘲笑他为“娃娃教授”，他特地配了平光眼镜，装成一副老气横秋的样子上了讲台。眼镜固然帮他起了很大作用，可惜他在代课前扭伤了脚，走起路来一瘸一瘸的，风采自然大减。好在他的知识很丰富，特别当学生们知道他就是名闻上海的大诗人邵洵美时，一时间奔走相告，来听课的学生甚至超过了主教老师徐志摩，也算是意外收获。

一九二九年三月，泰戈尔如期访华，徐志摩带着一帮人去汇山码头迎接。当红帽银须、穿一身僧袍的诗哲泰戈尔出现在船头时，岸上人群发出一阵又一阵的欢呼，印度人则自动站成一排唱起了印度歌。徐志摩将泰戈尔安排在自己家中住下，为了招待泰戈尔，他和陆小曼特地准备了一间墙上挂着毯子的印度式卧室。但是泰戈尔看了却摇头说不好，陆小曼十分疑惑。泰戈尔用英语说：“我来中国，就是为了领略东方异国风情。”陆小曼明白了，她和徐志摩住到了那间房间里，把那间有中国风的大卧室让给了泰戈尔。

徐志摩知道邵洵美也极其喜爱泰戈尔，当天晚上便把邵洵美和盛佩玉请到家中来见泰戈尔。酒过三巡，泰戈尔诗兴大发，徐志摩与邵洵美也跃跃欲试。盛佩玉不会说英语，有点犯难。她仔细端详着面前这位印度老爹，那高大如泰山的身躯，灰色的长袍，灰白的飘飘欲仙的大胡子，她有点犯迷糊。陆小曼怕冷落了这位嫂子，将她拉进了给泰戈尔准备的那间房子，对盛佩玉说：“这间房子是给老戈爹准备的，但是他不愿住，提出要住我们那间。”盛佩玉笑起来：“那你就让床，志摩巴不得，你也了不起——你不想想，你的床泰戈尔睡过啊，老戈爹一走，你就把床卖掉，在报上打广告，印度大诗人泰戈尔睡过的床，上海有钱人还不打破了头抢着买，你也好发一笔财。”两个女人说说笑笑，不知怎么说到孩子身上，陆小曼说：“我们志摩就喜欢你家老大邵潮，说他机灵、聪明，和他小时候一个模子刻出来的。”盛佩玉说：“我听洵美说过，洵美说，既如此，不如我们将邵潮送给小曼、志摩作继子。”陆小曼说：“是真的啊？志摩早有此心，就是开不了口，怕你们不舍得。”盛佩玉说：“有什么舍得不舍得，志摩与洵美是兄弟，我和你又是姐妹，邵潮过继给你们，这有什么不放心？”陆小曼说：“既这样，那我们择良辰吉日，就办酒宴、立字据——”

扒衣送人，一掷千金的赳赳男儿

邵洵美当年在上海，被誉为“当代孟尝君”，为了诗歌与文学，他的豪爽和大方前所未有无人能及。在他身上，甚至发生了扒衣送人的奇闻——这并非奇闻，而是真实发生的故事。

这件事发生在上海“孤岛时期”，邵洵美受南京临时政府派遣来到美国购买电影器材，途经檀香山，他登岸游览市容，一身纯白色的哔叽西装，举止洒脱，令人刮目相看。在一家商店闲逛时，一位美国青年目不转睛地盯着他。邵洵美好生奇怪，刚到美国，难道会有人认识他？正疑惑间，美国青年却微笑着开了口：“先生，你这身西装实在漂亮，太漂亮了，我很少见到像你这样潇洒的人，能把西装穿得如此漂亮。而且，这身白色的哔叽西装，也实在漂亮，我日思夜想的，就是像你这样拥有一套漂亮的白色哔叽西装。”邵洵美说：“是吗？”美国青年突然脸红了，开口说：“我后天就要结婚了，我做梦都想穿一身你这样的纯白色哔叽西装，去迎接我的幸福的新娘。”邵洵美这才恍然大悟，原来这位美国青年是“只认衣衫不认人”。既然他如此喜爱他这套白哔叽西装，既然他后天就要做幸福的新郎，那么，就把这件身外之物脱给他吧，成人之美，给他，也给自己，留下一个特别的回忆。他当即脱下西

图14：邵洵美资助胡适购买的《乾隆甲戌脂砚斋重评石头记》。

装，说："那我送给你。"随同人员大惊失色，美国青年目瞪口呆。邵洵美却身穿内衣，推一推眼镜，然后淡定地走向成衣柜台，挑选了一套衣服穿上，付了款，然后扬长而去。

这样的豪爽之举在邵洵美一生中数不胜数，金屋书店刚刚开张时，朋友林先生来找他，期期艾艾半天就是不肯开口。邵洵美说："有事请但说无妨。"林先生说："我的朋友夏衍刚从日本留学回来，穷困潦倒，生活无着，金屋书店可否帮他出本书，解决一下他目前的困难。"邵洵美二话不说，立马答应下来。隔了一天，夏衍带着一叠书稿来到金屋书店，邵洵美赶紧倒茶让座，接过书稿一看，是翻译的日本作家厨川白村的《北美印象记》。他不等夏衍开口，马上付给他五百大洋，并将其中的《女人的天国》一文在他主持的《狮吼》杂志上发表，并预告此书将由金屋书店出版。

新月书店在上海开张，报上刊有新闻，买书的人还没上门，送书的人却来了。一个陌生人拿着一部藏书《脂砚斋甲戌抄阅再评石头记》抄本来找胡适，他认定胡适是研究《红楼梦》的专家，愿意将这部珍贵的收藏本卖给胡适。偌大的中国，也只有胡适配读这样的书。隔了几天，胡适来到新月书店，店员将此书交给他。他随手一翻，大呼："好书，真是好书，险些失之交臂。"他发现这是海内最古老的《石头记》抄本，是一部最接近原稿的版本，迫切要将此书买下来。可是一谈价格，陌生人开口要五百大洋，且分文不少。当时胡适正是因为北京大学停发工资半年，无奈之下他才来到上海，手头拮据，这一时去哪里筹集五百大洋？在一旁的邵洵美见状，上来说："既然是本好书，既然胡先生如此喜爱，那么，我来成人之美好了。"他当即开出五百大洋支票给了陌生人，让一部好书有了最好的归宿。后来胡适离开大陆时，什么都没带，只带了这一部《脂砚斋甲戌抄阅再评石头记》。

邵洵美的孟尝君之名渐渐传遍上海滩，凡文化人士，一旦失去工作或没有饭吃，第一个想到的，就是求助邵洵美——因为他家产万贯，也因为他一掷千金。流传甚广的一个故事是，有一次邵洵美做东，在新雅茶室请客，一行人酒足饭饱之后，继续喝茶。邵洵美无意中站到玻璃窗前，看到马路上瘫坐着一位乞丐，谁也没有将乞丐放在心上。临走时，邵洵美对老板说："给我再来两碗米饭，一个蚝油牛肉，我要带走。"盛佩玉说："我们都吃好了，你要带饭给谁吃？"邵洵美说："这个你别管。"他拿着饭菜随众人一同出了新雅，故意落在后面。经过那个老乞丐面前时，谁也没有在意，他悄悄弯腰将饭菜放在乞丐面前，然后悄悄离开。

“狮吼”再吼 “新月”重升

邵洵美加盟新月派，看到《新月》杂志创刊，也打算再办一本自己的杂志。狮吼社的章克标等人很有办刊经验，他向他们取经，便来到狮吼社，意外得知《狮吼》杂志停刊了。

说起《狮吼》杂志，也是命运多舛，三年来一会儿无钱购纸张，一会儿没有印刷费，办办停停，停停办办。先是半月刊，最后连一月一期都保证不了，终于停了。一本很好的刊物，在读者心目中地位也很高，说停就停了，十分可惜。邵洵美说：“好好的怎么就说停就停了呢？”章克标叹口气：“叫我怎么说呢？还不是缺少孔方兄嘛，没钱，你说我们怎么往下维持？”邵洵美突然说：“不就是钱吗？我来出好了，我们再让《狮吼》起死回生，我愿意和你们合办。我没有别的要求，只是将《狮吼》交由我们金屋书店来出版就行，有关财务我们全包了。”章克标喜出望外：“那是太好了，洵美，这叫我们怎么谢你？”邵洵美说：“没什么可谢的，我喜欢做书做杂志搞出版，狮吼的事也就是我邵洵美的事。”很快，《狮吼》杂志又重新复刊，为了表示庆贺，邵洵美将这一期杂志命名为“复活号”。

帮助《狮吼》对邵洵美来说只是一个开始，如果说海上文坛是一

图15：徐志摩送给好朋友胡适的照片，亲笔题写“送适之”。

图16：邹韬奋正在编辑《生活》周刊。

艘航行在大海上的轮船，那邵洵美就是一个舵手的角色——不理解邵洵美，你就无法理解当年的海上文坛，因为他是一个绝对重要的核心人物。海上文坛出现的任何事情，他不可能坐视不管。就在“狮吼”再吼不久，新月书店经理、徐志摩的小舅子张嘉铸来找邵洵美，哭丧着一张脸。邵洵美问：“怎么回事？”张嘉铸说：“新月书店不景气，一直亏本，眼看着保不住了。”邵洵美当下来火了，这么大的事徐志摩不来，却派他的小舅子过来，这位愚兄也实在愚蠢。邵洵美当下打电话把徐志摩从光华大学课堂上叫来：“你我之间有什么话有必要要通过中间人吗？连‘狮子头’我都吃下了，‘新月’遇到困难，我怎能坐视不管？”徐志摩说：“张嘉铸是经理，平常我真的不太管书店的事，我知道书店一直不景气，但是没有想到，这么快就日薄西山。”邵洵美说：“‘新月’是海上明月，‘新月’落了，不是你徐志摩的耻辱，也不是我邵洵美的耻辱，是整个上海的耻辱。”邵洵美二话不说，从家里斥出巨资把新月书店盘下来，同时接任书店经理，亲自过问业务。此举引得海上文坛一片叫好，后来凡杂志难以为继的，就会有人说：“去找邵洵美。”邵洵美成了上海文学的一根救命稻草。

时隔不久，又一家杂志向邵洵美求援，这是邹韬奋主编的《生活》周刊。《生活》周刊在当时影响很大，由于言论越轨，被当局查禁。当时《生活》周刊一向由邵洵美的时代印刷厂印刷，拖欠印刷费是常有的事。但是邵洵美从不计较，只要与文化有关，他向来倾力相助。这一次不同往常，这一次《生活》周刊要停办，一大笔印刷费该如何处理？看着邹韬奋的愁眉苦脸，邵洵美挥挥手：“算了算了，新账老账一笔勾销。”话说到这个份上，邹主编还是没有笑脸。邵洵美问他：“还有什么困难吗？”邹韬奋说：“编辑部七八个同仁，好几位都是拖家带口，现在发不出解散费，他们连回家的路费都成问题。”邵洵美说：“包在我身上好了，你先回去，我马上派人送钱去。”邵洵美当即让家人送三百元大洋到《生活》周刊，给他们做生活费和各寻出路的路费。

《生活》周刊关了门，很多读者无所适从，邵洵美决定给《生活》翻开新的一页，创办一份取代《生活》周刊的杂志《人言》，请来林语堂、潘光旦、章克标、陶亢德、胡适、郁达夫等人加盟。他在《人言》发刊辞中说："大家总感到现在缺少了一种可以阅读的周刊吧，《人言》就是想弥补这个缺陷的。我们有许多话想说，大家一定都有许多话想说，因为这是一个可以令人感慨的时代。我们大家都是人，无疑地要说的话，所以周刊定名为'人言'。很明白地说，'人言'就不是鬼话。"

留日与留美的较量

创造社一枝独秀的时候，徐志摩被这一拨留日学生的艺术情怀深深折服，他们高举“为艺术而艺术”的大旗，执著地追求一种艺术美，与徐志摩的艺术主张高度一致。他找到在杭州时的同学郁达夫，通过郁达夫的介绍，他与创造社的一帮人频频交往。可是没有想到，家庭背景的差异，生活条件的不同，更重要的是留学日本与留学英美的巨大反差，让他们之间横亘着一条巨大的鸿沟。

这一年，徐志摩在清华大学做的演讲《艺术与人生》被郁达夫看到，在创造社刊物《创造季刊》上发表。能被创造社成员高看，徐志摩十分开心，他当即写了一封信给成仿吾：“承赞，愧不敢当。今识君等，益喜同志有人，敢不竭驽薄相随，共辟新土。”他把创造社诸位称为“同志”，要和他们“共辟新土”。在信中，他对郭沫若的诗才十分钦佩，大加赞美：“贵社诸贤向往已久，在海外每厌新著浅陋，及见沫若诗，始惊华族潜灵，斐然竟露。”对成仿吾的赞美是：“兄评衡立言有方，持正不阿，亦今日所罕见。至望锲而不舍，以建风格。”

“新土”没有开辟，却很快走向反目：起因是郭沫若重访日本，经过昔日旧居时一时感慨万千，写下一首诗《重过旧居》：

图17：年少气盛的徐志摩。

图18：创造社成员合影（左起：王独清、郭沫若、郁达夫、成仿吾）。

我禁不住我的泪浪滔滔，

我禁不住我的情涛激涨——

徐志摩读到这首诗很不舒服，尤其这两句让他难以忍受，口口声声“为艺术而艺术”的创造社领袖，竟然写出这样的烂诗？他在胡适主办的杂志《努力周报》上发表了一篇文艺随笔：“坏诗，假诗，形似诗”，不点名地批评了“泪浪滔滔”：“我记得有一首新诗，题目好像是重访他数月前的故居，那位诗人摩按他从前的卧榻书桌，看看窗外的云光水色，不觉大大地动了伤感，他就禁不住‘泪浪滔滔’。

固然做诗的人，多少不免感情作用，诗人的眼泪比女人的眼泪更不值钱，但每次流泪至少总得有个相当的缘由。踹死了一只蚂蚁，也不失为一个伤心的理由。现在我们这位诗人回到他三个月前的故寓，这三月内也不曾经过重大的变迁，他就使感情强烈，就使眼泪‘富裕’，也何至于像海浪一样的滔滔而来。”

徐志摩年少气盛，看到如此恶劣的诗作竟然出自他艳羡的天才诗人之手，他的心里实在堵得慌。文章发表后创造社的人很快写信告诉了远在日本的郭沫若，郭沫若怒火中烧，立即写信告知成仿吾。成仿吾在《创造周报》上发表《通信四则》，其中的一封是写给徐志摩的绝交信，对他的“卑劣行径”予以痛斥：“你一方面虚与我们周旋，暗暗里却向我们射冷箭。志摩兄，我不想人之虚伪，一至于此。我由你的文章，知道你的用意，全在攻击沫若和那句诗，全在污辱沫若的价值。别来一无长进，只是越穷越硬，甚堪告慰。”看到创造社翻脸，徐志摩也无可奈何。天真的诗人认为自己作批评文章绝不至于幼稚到“以笼统的个人为单位”。批评的标准，只是所批评的本身。评价雪莱一首诗的低劣，并不是说他所有的诗全都低劣。徐志摩对成仿吾大为不满，因为他只是评论了郭沫若的一首诗，况且这首诗真的很差。可成仿吾却下了这样的定论，说徐志摩在“污辱沫若的人格”。

其实新月社与创造社积怨的总爆发，它们的矛盾由来已久，艺术主张的不同不仅仅导致了他们所处的不同流派，更让他们在为人处世上也针锋相对。在徐志摩此文发表前，新月社刚刚和创造社打过一场笔墨官司。起因是一位叫余家菊的先生在胡适主编的《努力周报》上发表了一篇“人生之意义与价值”，郁达夫认为翻译出错，狠狠批评了余家菊，还骂了人。胡适很生气，写了一篇“骂人”，认为郁达夫“浅薄无聊而不自觉”。成仿吾在《创造周刊》上写了篇“学者的态度”施以凌厉还击：“郁达夫骂人是昏了头的，他的‘蛆虫’、‘肥胖得很’的确是不对，谁也不能说他对。可是胡先生的‘浅薄无聊的创作’，不也是跟着感情这条恶狗，走到邪路上去了吗？”郭沫若也出来声援郁达夫，反击胡适。两派在报纸上打得硝烟弥漫，这硝烟还没有散去，徐志摩又捅出一篇文章，等于在尚未熄灭的火上又浇上一桶油，这两派就结下梁子。尽管徐志摩后来写文章让新月社和创造社的作家放弃意气之争和党同伐异的恶习，但这仅仅是一厢情愿而已。新月社与创造社的背道而驰，其实是留日与留美文人的观念较量。仇怨已结，已没有办法再和好如初。

《时代》，开创了海上的时代

各类报纸杂志如烂漫山花，一夜之间开遍上海滩，把上海从一个封闭落后的小城镇提升为八面来风、包容开放的国际大都会。当时海上文化人的一个习惯就是成立艺术流派办报办刊，发表自己的艺术见解与政治主张。这是民国时代一个从文化到政治的系统性的嬗变，所有的人都不能例外。当时上海有两个颇有名气的兄弟画家张光宇、张振宇抓住这个千载难逢的机遇，创办了一本《时代画报》。

《时代画报》几乎是横空出世，它在发刊词《时代的使命》中说："宇宙的巨轮，循着它铁一样的定律，一刻不停地转变，昨日骄视一切的花儿，今朝已被人篡夺了王位。诗人悲悼他的好梦不长，维纳斯感叹人间的青春易逝。为了弥补这莫大的缺陷，我们才创设了这《时代画报》。我们要从宇宙的残忍的手中，挽回这将被摧残的一切，使时代的菁华，永远活跃在光明美丽的园地中，不再受到转变的侵蚀。沧海桑田，桑田沧海，任是无尽的宇宙颠尽了万汇的面目，但是这里的一切将永远长存。"

民国时代是一个伟大的时代，在黑暗中昏睡了五千年的中国人大梦初醒，大洋彼岸的季风浩浩荡荡地吹进中国人霉味扑鼻的老宅院，这

图19：张光宇、张振宇兄弟创办的《时代画报》。

图20：老上海最著名的《良友画报》。

种史无前例的嬗变让中国文化人热血沸腾。作为生活在直接复制了西方文明的上海滩，海上作家都想在这个风起云涌的大变革时代有所作为。张氏兄弟虽然激情如火，但是奈何《时代画报》销路一直不佳，苦苦支持了一年，最后实在难以为继。两兄弟无一例外地想到了朋友邵洵美，弟弟张振宇能说会道，交际能力一流，他主动游说邵洵美。那天来到邵家，邵洵美照例将他带到新雅茶室。张振宇远兜远转地绕了大半圈，邵洵美微笑着说："别再绕圈子了，是不是《时代画报》撑不下去了。"张振宇大笑起来，邵洵美说："我本来对《时代》很看好的，我现在对《时代画报》仍然很看好。南洋那边的《良友画报》为什么一枝独秀？它们有它们的办刊经验。我以为，上海不能没有一份画报，上海的画报只有《时代画报》可以和《良友画报》搏一搏。上海不会输于任何城市，那么上海的《时代画报》也不能输于任何画报。"

邵洵美当即派堂兄邵柳门送给《时代画报》五千元现大洋，算作投资，并派他担任《时代画报》出版方中国美术刊行社会计，负责财务。这一招让张振宇信心大增，让他的二哥曹涵美也拉来投资。邵洵美决定借《时代画报》这块品牌大干一场，办出一份令人刮目相看的大画报来。第二天他就做出决定：斥巨资从国外进口一台当时世界上最新式的影写版印刷机，并创办一家与之相匹配的图书公司：时代图书公司。

张氏兄弟欣喜若狂，邵洵美自然也说到做到，他卖掉白克路珊家园弄堂房子，得银洋十万元，向上海德商泰来洋行定购了德国郁海纳堡生产的最先进的影写印刷机。当期的《时代画报》上刊出重要启事，向读者宣布三大革新：

第一，此前所有的《时代画报》，均为第一卷，自邵洵美入主起，称为第二卷第一期。

第二，在定购的机器没有来到之前，全部的杂志先交德国人在上海开设的影版印刷厂印刷，力求图片精益求精。并加添时事新闻，此外关于艺术及美化之提倡，无不着意，自是一时无双。

第三，努力于文字之创建。本社特请国内外名家撰写关于政治、社会、文艺上之稿件，并特派专人会见要人、名人询谈社会、文化之重在问题，以资建设时代之大贡献。

为了一心一意办好这份画报，邵洵美果断关闭了金屋书店，他借助时代图书公司，开启一个文化传播、阅读的新时代。为了上班方便，他又花了一万多元购买了一辆美国产的“纳许”高级轿车。这种车当时在上海极少有人购买，上海市长吴铁城坐的就是“纳许”。但是他的“纳许”是四只汽缸，而邵洵美的却是八只汽缸，开起来无声无息，疾驰如飞。

于茫茫人海中寻找灵魂伴侣

泰戈尔的访华给徐志摩一颗饱满、激荡的诗心带来巨大的冲击。他其实一直都生活在冥冥之中，在瑰丽的精神天空漫游，这是他的生活常态。他混淆了生活与精神，这两者对他来说向来不分彼此。他的所有行为其实都受着一种精神力量的感召，受着大家灵魂的感召，他的诗歌创作更像一场行为艺术：于茫茫人海中寻找灵魂伴侣。于他来说，他的灵魂伴侣就是那些在生的或早已逝去的大师，他们和他们在天空中对话，构成一个完整的精神世界。

那时候的上海是个世界级的大都会，是冒险家的乐园，也是文化人的乐土。无数世界级的大师，都希望来到这个东方大都会。杜威、罗素、爱因斯坦、萧伯纳、卓别林接二连三地来到上海。每一位大师的到来，都在为海上文坛引入一股活水，泰戈尔更是如此，他的到访本身就是一个文化现象，包括围绕着他出现的那些争论与批评，事实上对海派文化都产生了积极的影响。徐志摩对此相当重视，作为翻译，他全程陪同了泰戈尔，由上海、南京，到北京、太原，接着再南下汉口，又沿长江回到上海，再一路相送到日本，最后由日本转回香港，两位诗人才最后分别，相约来年欧洲相会。这样的虔诚和真挚，就是诗人与诗人间超

图21：永远苦涩而忧郁的作家罗素。

越世俗的友谊，也是两颗心灵之间的神秘感应。他渴望和这样的大师作对手，潜意识里，他也把自己当成大师。或者假以时日，他应该也可以成为大师级的诗圣。早在他留学剑桥时，他就锋芒初露，那时候他交往的是哲学大师罗素。

罗素喜得贵子，徐志摩比自己生了儿子还高兴。在孩子满月那天，他别出心裁，向中国同学发出正式请柬，然后请罗素夫妇带着新生儿到剑桥来。罗素很开心，带着老婆孩子如约前来。到了徐志摩的住处，只见大门紧闭，门上却贴着红纸剪成的喜字，还有显然也是刚刚贴上去的红春联。罗素不知道中国风俗，但是知道这一切是为他这个儿子准备的，就十分感动。敲开了门，才发现满满一屋子中国留学生，大家齐声欢呼罗素一家，然后端出十几碗长寿面和红鸡蛋，让罗素夫妇喜出望外。

徐志摩第二次来欧洲时，也会见了罗素。罗素那天开着一辆破车来接他，戴着一顶开花的草帽，穿一件旧衬衫，领带像稻草一样在胸前飘摇。这乡下人的打扮让徐志摩差点没认出他，但是他那双哲学家智慧的眼睛光芒闪烁，让徐志摩深深折服。他在罗素家住了两个晚上，每晚都谈到凌晨两点。三次与罗素交流让两个东西方男人成为至交，后来徐志摩说："山，我们爱踹高的。人，我们为什么不愿接近大的？但接近大人物正如爬高山，往往是一件很费劲的事，你不仅得有热心，你还得有耐心。半道上乏力是意中事，草间的刺也许拉破你的皮肤，但是你想一想登高临危峰时的愉快！"这倒是说到点子上，登高临危峰是愉快的，半道上的乏力肯定难以承受，还得有耐心——他后来求见哈代便是如此。

就在这年七月，途经英国时，经朋友介绍徐志摩见到了小说家哈代。那是一个温暖的下午，他从伦敦乘火车来到哈代居住的道骞斯德。天气好得没法说，下了车走不多远就是哈代家。庭院的门正对着一片草坪，后面是一片绵延的树林，进入园子就是哈代自建的房子，墙壁上爬满了藤萝。他正想进门，一位白纱抹头的年轻女佣正好开门出来，他问："哈代先生在家吗？"女佣看了看他："哈代先生是在家的，但是你该知道，他永远是不见客的。"当时哈代已八十三岁，早已闭门谢客，在乡下过着隐居的生活。徐志摩不死心，掏出一封信，说："这里有一封信，请帮我交给哈代先生。"哈代看了那封信，决定接见徐志摩。

那是一个矮小得比桌子高不了多少的老头，头顶全秃了，那哈代式的松松垮垮往下塌的腮帮，让他的表情带着永远苦涩的忧郁。他佝偻着腰，气喘喘地问："你们中国诗用韵不？"徐志摩说："我们从前只有韵的散文，没有无韵的诗，但最近——"哈代打断他的话："我不要听最近的。"哈代似乎很不礼貌，很快又转到另一个话题上："三十年前，有一个朋友约我到中国去，他是一个教士，我的朋友，叫莫尔德，他在中国住了五十年，他是中国通。叫我去我没去，但是你们的文字是怎么一回事？难极是不是？为什么不丢了它，改用英文或法文，不是很方便吗？"然后他起身要带徐志摩看他园子里的花，徐志摩说："哈代先生，我远道而来，你可否给一点小纪念品？"哈代说："好。"他俯下身去，摘了一朵红花一朵白花，递给徐志摩："你暂时插在衣襟上吧，你现在赶六点的车好不好？恕我不陪你了，再会，再会。"他招呼他的狗，在徐志摩惊讶的目光中，开门进去。

徐志摩拿着两朵花站在园外，感到一切像做梦一样，刚才那个矮个秃顶的老头，是哈代吗？太奇怪了。

“我也总算见过了他”

对大师的尊敬邵洵美比起他的仁兄徐志摩有过之而无不及，另一位诺贝尔文学奖获得者萧伯纳即将来上海时，他几个月前就跃跃欲试，甚至让他主办的超级畅销的《论语》杂志出一期专刊《萧伯纳游华专号》，并撰文“萧伯纳”隆重推出。萧伯纳来华当天，他和五百多位上海各界人士在寒风中恭候了两小时，最后却被萧伯纳放了“鸽子”。

宋庆龄自有她的魅力，为了邀请萧伯纳，她带上杨杏佛，坐上小轮亲自来到吴淞口，登上“不列颠皇后号”游轮，迎接萧伯纳，力邀他在上海停留一日。萧伯纳说：“我来东方只想见一见您孙夫人，现在既然已与夫人会面，就不必再登岸了。”宋庆龄知道海上文坛的殷殷期盼，一再盛情相邀。萧伯纳说“如果苟能避免烦嚣，亦愿登岸一行”。宋庆龄答应了他。

当天中午，宋庆龄在府上接待萧伯纳，然后在鲁迅、蔡元培、林语堂、杨杏佛等人陪同下，一行人来到世界笔会中国分会。徐志摩、胡适、邵洵美等皆为理事，邵洵美还兼任秘书长，笔会的实际工作全由他负责。能把这个世界级的文豪请到上海来，他有点欣喜若狂，近距离地注目这位皮肤红到发嫩、胡须洁白如雪的老翁。在他眼里，萧伯纳如同

图22：诺贝尔文学奖获得者：萧伯纳。

图23：萧伯纳和宋庆龄、鲁迅、蔡元培、邵洵美等在一起。

圣诞老人。可是萧伯纳一直金口难开，这让邵洵美一筹莫展。为了活跃气氛，他作为中国笔会的秘书长，早已作了细致的安排，让梅兰芳来一段京剧。果然萧伯纳被梅兰芳的“贵妃醉酒”所吸引，总算开了金口：“我在苏联是见过斯大林的，一直把斯大林看作美男子。现在，我终于在中国的上海，又见到另一位美男子。我想问梅先生，我们英国戏剧演出没有锣鼓，因为一有杂音就会损害观众注意力。而中国的戏剧，就觉得过闹。”梅兰芳说：“中国戏剧有两种，如昆曲就属于不闹的一种。”萧伯纳得知梅兰芳舞台演出已有三十年历史，忍不住赞叹道：“先生真是驻颜有术。”梅兰芳换了个话题：“爱尔兰人忠实于友谊，我很愿意和萧先生做一个朋友。”萧伯纳说：“爱尔兰人虽生性率直可亲，然而说话极靠不住。”邵洵美一听，就拍掌说：“好，萧先生果然率直可亲，这才是靠得住的供状，可以比得上十部卢梭自传，萧先生将来要成仙，就是此地种的善根。”

萧伯纳与邵洵美等作简短对话后，说：“此刻来做演说实在不必要，因为在座诸君都是著作家，我只能是班门弄斧而已。普通人都把作家看做神秘、伟大的人物，现在诸君都已知道它的内容，我多说又有什么好处呢？况且作家也是劳工，不过他的工资比劳工更少罢了。”林语堂一听，马上插话：“作家工资比劳工更少？对于先生您来说，未必是这样吧？”萧伯纳说：“我的作品不是都有收入，很多演说都是不收费的。我在这里像动物园的陈列品，诸位都已看过，我也不再多说什么。”有人突然问他不吃肉的原因，他说：“并无原因，只是不喜欢吃而已。”

萧伯纳逗留了二十分钟，说了不到二十句话。邵洵美后来在“我也总算见过了他”中说：“这二十分钟里没有一忽不显露萧氏吝啬的性格，他连一句话都不愿白费，但这二十句不到的话，却是难得的珠玉。”萧伯纳当晚赶到“不列颠游轮”上，临走时，邵洵美代表笔会送他两件礼物，一件是装在一个大玻璃锦盒中的北平东安市场制作的京剧脸谱，另一件是古绣衣。萧伯纳鉴赏之后说：“戏中的战士、老生、小生、花旦、恶魔，都能从面貌上鉴别出来，我们这些人面目大都相同，不过内性就未必相似了。”

萧伯纳不知道，这些礼品全是邵洵美自己掏钱。所谓的世界笔会中国分会，原本就是一个空架子。当晚，他还自掏腰包，请萧伯纳在上海最著名的功德林素菜馆吃晚饭。全世界都知道萧伯纳吃长素，他常对人说：“我把蔬菜当酒肉来享受，吃素的人总是脱俗的。”当晚陪同进餐的有宋庆龄、鲁迅、林语堂、蔡元培等。吃完饭后，宋庆龄送萧伯纳回游轮，邵洵美签字付账出了门。外面下雨了，他意外发现鲁迅站在屋檐下避雨，神情寂寞。他走上前说：“周先生，坐我的车回去，好吗？”鲁迅点头微笑：“好，好的，谢谢。”于是，他坐进了邵洵美的车，邵洵美把他一路送回家。

只是一乱堆的残暴与罪恶

徐志摩还在剑桥留学时，与当时的《雅典娜神庙》杂志主编、诗人麦雷成了好友。麦雷的太太曼斯菲尔德是近代文学史上“短篇小说大师”，她生有肺病，却有着惊人的美貌，逃婚后与当年才二十二岁的麦雷相恋九年后结婚。一个秋雨萧萧的夜晚，徐志摩在麦雷帮助下，见到了这位神秘的女作家曼斯菲尔德：“所以我推进那房门的时候，我就盼望她：一个将近中年和蔼的妇人，笑盈盈地从壁炉前沙发上站起来和我握手问安。但房里，一间狭长的壁炉对门的房，只见鹅黄色恬静的灯光，壁上炉架上杂色的美术的陈设和画件，几张有彩色画套的沙发围列在炉前，却没有一半个人影。麦雷让我一张椅上坐了，伴着我谈天，谈的是东方的观音和耶教的圣母，希腊的圣女狄安娜、埃及的女神伊希斯、波斯的密特拉教里的圣女等等之相信佛，似乎处女的圣母是所有宗教里一个不可少的象征。我们正讲着，只听得门上一声剥啄，接着进来了一位年轻女郎，含笑着站在门口，“难道她就是曼斯斐尔德，这样年轻。”我心里在疑惑，她一头的褐色卷发，盖着一张小圆脸，眼极活泼，口也很灵动，配着一身极鲜艳的衣裳：漆鞋，绿丝长袜，银红绸的上衣，紫酱的丝绒围裙，亭亭地立着，像一颗临风的郁金香。”这个

图24：徐志摩最崇拜的作家：曼斯菲尔德。

"临风的郁金香"一样的女郎，便是著名的小说家曼斯菲尔德。两人说了很多话，徐志摩记忆最深的一句就是："希望你不要进入政治，全世界不论哪一国，只是一乱堆的残暴和罪恶。"她愤怒地说。

徐志摩别的都没有记住，就记住了曼斯菲尔德的这一句话。他一生没有做官，一生一不做官二不经商，让父亲失望透顶。他却抛弃仕途与经济，沉湎于诗歌海洋，这一点与邵洵美一模一样。邵洵美如果稍稍钻营一下，早就大权在握，他和徐志摩一样，从前交往的文朋诗友，几乎无一例外全都做了高官，很多官居高位的人"送官上门"。南京国民政府成立时，天狗会成员刘纪文当上了南京市市长，一上任马上想到了邵洵美，盛情邀约老友出山相助。邵洵美二话不说，当即赶到南京，被刘纪文任命为市政府秘书一职。虽为秘书，但是偌大的市政府只设一位秘书，实际上也就相当于秘书长。一就职正逢举行市政府成立典礼，达官贵人、名流明星纷至沓来。邵洵美自然也带上盛佩玉，坐在一旁的就是宋美龄。当时她与蒋介石尚未结婚，看到盛佩玉脖子上的钻石项链，不住地投来艳羡的眼光。当年盛佩玉珠光宝气，明显压了宋美龄一头。盛宴大开后，宋美龄还主动向盛佩玉敬酒。

邵洵美感情丰富，敏感而热烈，实在不是当官的料。看到衙门里官僚无趣、人浮于事，打心底厌恶。这时候又发生一件事：一件关于中山路修建的公文递呈到他办公桌上，在破烂、逼狭的城南修建一条笔直的通衢大道，这自然是一件于国于民都有利的好事，他代表市长批准了这个计划。施工中，一幢豪门老宅挡住了道路，需要拆除。工作人员一联系，巧合的是，此幢老宅正是邵洵美岳父盛宣怀家产业。盛家拒绝拆迁，邵洵美不徇私情，一定要拆。老岳母得知后急了，亲自赶到南京找女婿说情。不料邵洵美并不买账："我是来革命的，革命就是要革掉过去官场里买人情、通关节的陈规恶习，这一套至少在我这里是行不通的。"岳母一听气得鼻孔冒烟，最后走了宋霭龄的路子，成功地让道路绕着盛家老宅拐了一个弯。这回轮到邵洵美气得瞪眼睛——原来宋霭龄在盛家做过英文教师，与盛家交情深厚。邵洵美百思不解，刘市长安慰他："他们来头大，法眼通天，我这个市长也不在他们眼里的，算了吧。"

邵洵美又气又恼，衙门里讨碗饭实在让生性浪漫自由的他浑身不自在，第三天他便弃官而去，重回上海。

天上掉下一颗星

一九三一年十一月，一颗恒星从碧蓝的夜空坠落，国人仰望星空，看着它拖着长长的明亮的尾巴划过天际。后来邵洵美写了一首诗，名字就叫《天上掉下一颗星》。

《时代画报》风行一时，销路稳定之后，邵洵美就筹谋着要出版一本专门的《诗刊》，它是当年徐志摩、闻一多、饶孟侃等编辑《北京晨报》“诗刊”专版的再现。徐志摩在创刊号上撰文：“前五年《北京晨报》上的十一期‘诗刊’，是现在这份《诗刊》的前身，那时候少数朋友研究诗艺的热，为时不过三两个月，但精神真而纯粹，不浮夸。我们这少数朋友隔了五、六年，重复感到‘以诗会友’的兴趣，我们有共同的信点。我们这些年的旧侣，重聚首了。”

其实《诗刊》的创办是徐志摩提议的，凡这位仁兄所喜欢的，邵洵美必定也喜欢。邵洵美邀请徐志摩做主编，徐志摩自然也不客气，两人深情厚谊，不论什么事，对方没有理由不答应。《诗刊》很快面世，三个月一期，由那台德国定购的影写版印刷机印刷，漂亮又大气。出版了三期，在文坛影响日益扩大。徐志摩和邵洵美很开心，在第三期出版后，两位老友特地在邵洵美家聚了聚。那时候邵洵美的第二个孩子已经

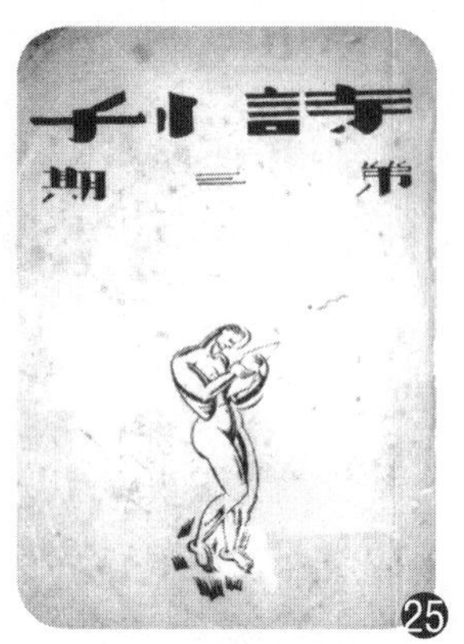

图25：邵洵美和徐志摩主办的《诗刊》。

图26：才华横溢的诗人徐志摩。

图27：徐志摩之墓。

一周岁，名字叫小玉。徐志摩看到他很开心，将他高高举起来："这小子真结实，太结实了，粗、壮、美。"盛佩玉在一旁取笑："还要认小玉做干儿子吗？可是你说过的啊。"徐志摩说："认，认，茶姐所有的孩子，全都是我志摩的孩子，有时间一定要摆酒席认子。"吃午饭时，邵洵美和徐志摩喝了酒，又谈到《诗刊》的下一期编选，最后因徐志摩要去北京大学上课，两人才依依惜别。

当时徐志摩在北京大学和上海光华大学任教，陆小曼照旧生活在上海，所以他经常往返京沪两地。当时家里因为反对他与陆小曼结婚，断了经济来源，而陆小曼花钱从来都大手大脚，让他不堪重负。为了省钱，这次赴京他搭乘的是邮政专机，每次都是免费。本来这一次他要搭张学良的飞机，没想到张学良临时有事，只能改期。徐志摩等不及，他一心要去北京参加林徽因的讲座，只好再坐免费的邮政专机。邵洵美提醒过他："邮政专机太小，不安全，还是坐火车好。"徐志摩说："你也知道我们现在的经济条件，我坐飞机只图免费，坐火车可是要钱的，我一个穷教授，又要管家，哪来那么多钱去坐火车呢？写诗不挣钱，却给我带来臭名声，我还是颇有人缘，邮政的、军阀的、公司的，只要能赶上，他们就会同意我上飞机。当然，都是免费乘坐，省我一大笔钱。"

但是这一次免费却是最后的免费，因为途中遭遇大雾，"济南号"飞机在济南附近的党家庄机毁人亡，两司机被烧成焦炭。徐志摩额头撞出一个大洞，被人发现时双手十只指甲里全是泥土，可见飞机堕落时他还活着，在地上死死挣扎。邵洵美得到消息后大惊失色，对盛佩玉说："真舍勿得，他死得这么惨！"说着，他一时泣不成声。

几天后，徐志摩的骨灰在上海静安寺重新装殓。上海文艺界聚会哀悼他，邵洵美特地将《诗刊》改出一期"志摩纪念号"，并在上面发表一首长诗《天上掉下一颗星》：

假使天上掉下一颗星，我不懂
这该是谁的产业，老虎有眼睛，
萤火虫也有她底下的一点红，
诗人会掏出他太阳般的灵感，
处女也会说她有光明的纯洁，
就连那将尽的柴烬，未熄的灯芯，
也都会熙攘着这是他们的名分。
但是，我明白，尽使他们有金漆的
宫殿，恐是很编的帐帏，也不会
诱惑住这一头爱飞吟的夜莺！

徐志摩的死给邵洵美带来巨大的悲伤，仿佛胸口撕裂了一道伤口，久久难以愈合。几年以后他在英文杂志《天下》上发表“新诗历程”，对中国的新诗作出全景式评论：“在年轻的诗人之中，桂冠毫无疑义地应当归于徐志摩。他不仅证明了新诗可以和旧诗有所不同，而且还证明了新诗本身就很伟大。他和传统彻底决裂，他的诗作背景不再像中国画那样单单是几张平面的风景，就其人物而论，他们讲起话来有时候就像外国男女一样。要说洋，确实洋，而志摩对此全然不觉可羞。他喜欢洋化，他要求做到洋化。因为他相信中国有很多东西需要向外国文学学习，把东方和西方的血液混合在一起就会创造出一个新的种族。”“志摩过去是，而且将永远被看成中国新诗的一位勇敢的先驱者。他死了，一去不复返，但是人们认为他现在正置身于那些不朽的中间。”

邵洵美带着悲痛，把徐志摩没有写完的小说《珰女士》接着写下去，这是一篇以女作家丁玲为原型的小说。

钞票用得光，交情用不光

邵洵美的豪爽与好客闻名海上，他说过这样的话：“钞票用得光，交情用不光。”他的身边总是环绕着一大批作家，当时上海的画家鲁少飞画了一幅后来著名的漫画《文坛茶话图》，发表在《六艺》杂志创刊号上。鲁少飞在漫画下端有一大段文字：“大概不是南京的文艺俱乐部吧，墙上挂的世界作家肖像，不是罗曼·罗兰，而是文坛上时髦的高尔基同志和袁中郎先生。茶话席上，坐在主人地位的是著名的孟尝君邵洵美，左面似乎是茅盾，右面毫无问题的是郁达夫。林语堂口衔雪茄烟，介在论语大将老舍与达夫之间。张资平似乎永远是三角恋爱小说家，你看他，左面冰心女士，右面是白薇小姐。洪深教授一本正经，也许是在想电影剧本。傅东华昏昏欲睡，又好像在偷听什么。也许是的，你看，后面鲁迅不是和巴金正在谈论文化生活出版计划吗？知堂老人道貌举然，一旁坐着的郑振铎也似乎搭起架子，假充正经。沈从文回过头来，专等拍照。第三种人杜衡和张天翼、鲁彦成了酒友，大喝五茄皮。最右面，捧着茶杯的是施蛰存，隔座的背影，大概是凌淑华女士。立着的是现代主义的徐霞村、穆时英、刘呐鸥三位大师。手不离书的叶灵凤似乎在挽留高明，满面怒气的高老师，也许是看见有鲁迅在座，要拂袖而去

图28：鲁少飞著名的漫画《文艺茶话图》。

吧？最上面，推门进来的是田大哥，口里好像在说：‘对不起，有点不得已的原因，我来迟了。’露着半面的像是神秘的丁玲女士，其余的，还未到公开时期，恕我不说了。左面墙上的照片，是我们的先贤、计开、刘半农博士、徐志摩诗哲、蒋光慈同志、彭家煌先生。”

《文艺茶话图》好比是20世纪30年代上海文坛的集体照，众多名家围坐一堂，品茗座谈，几乎将海上作家一网打尽：邵洵美、茅盾、郁达夫、林语堂、老舍、张资平、冰心、白薇、洪深、傅东华、鲁迅、巴金、周作人、郑振铎、沈从文、杜衡、张天翼、鲁彦、施蛰存、凌叔华、徐霞村、穆时英、刘呐鸥、叶灵凤、高长虹、田汉、丁玲、刘半农、徐志摩、蒋光慈、彭家煌。

邵洵美在海上文坛的地位在这幅“文艺茶话图”中得到淋漓尽致的展示，有一点需要补充的是，邵洵美的影响其实不仅仅在文艺圈，与他交往的朋友可以说三教九流都有。海上三大亨之一杜月笙、戴笠、汤恩伯、陈立夫等都是他来往密友。那次他前往重庆，被人截获在浙江淳安，发现是海上名人邵洵美，即刻向上级汇报。不料此事被邵洵美把兄弟张道藩得知，让他们立即放人。此时戴笠和杜月笙也赶到淳安，马上和邵洵美会面。戴笠更是将邵洵美待为上宾，酒过三巡之后，戴笠说：“贤弟为海上闻人，见多识广，不知可否助愚兄一臂之力。”邵洵美说：“不知兄长有何事相邀，但说无妨。”戴笠说：“愚兄正想着要培养一批英文口译人才，为此拟成立一个东南外事训练班，贤弟是剑桥的高才生，不知道能否帮我负责这个项目。”邵洵美向来不爱做官，当然更不会屈就这份职业了，婉言谢绝。不久，传来抗战胜利的消息，正在筹划中的训练班最终也没能办起来。

这次在淳安，杜月笙前前后后一直陪伴着邵洵美，两人的交情足见一斑。其实早在很多年前，邵洵美和杜月笙还差点成了连襟。盛佩玉母亲、也就是邵洵美的岳母有一个梳头丫头姚氏，聪明伶俐，盛母完全将姚氏当女儿看，只是没有正式认母女。后来，姚氏嫁给了杜月笙，育有一子杜维屏。杜月笙有意要带姚氏来盛家认亲，因为“八一三”战事爆发，认亲的事就搁置下来。但是因为战乱，杜月笙将盛家安排住到自己家，在那里受到特别保护，更加安全。邵洵美和杜月笙在一起共同生活了两个多月，可是杜月笙并不热衷于文学，但是他是个相当好的男人，尊重任何一个人，不管他是高官还是下人。而且他相当热衷慈善，虽然他的钱财来路一直是上海人议论的话题，但是他将大量的金钱用于慈善事业，这一点令人尊敬。邵洵美只要在家吃饭，总会和杜月笙喝上几杯。女眷们撤出饭桌，那里就是两个男人的天下，无所不谈的话题让一文一侠两个男人成为心心相印的知己。

一生办刊，只有《论语》赚了钱

上海从一个小城镇成为世界级的大都会，是文化提升了它。具体来说，是无数种报纸杂志、众人作家和文学流派、政治团体的集体呈现。邵洵美一生做的就是这样的事业，难以想象，如果上海滩没有了邵洵美，没有了《新月》、《时代画报》、《诗刊》、《万象》、《论语》、《自由谭》时代图书公司、第一台影写版印刷机，海上文坛该是多么寂寞？它又怎么配得上“十里洋场”这样的称呼？又怎么吸引无数文化人跋山涉水千里迢迢地投奔到它的怀抱？邵洵美至少在中国出版史上破了几个记录：创办《银灯》，这是中国电影刊物之始。创办《上海夜报》，这是中国晚报之始。第一台影写版印刷机，开创了中国印刷全新的时代。

要问邵洵美创办了多少种杂志？难以计数，从一九二八年到一九五零年，他几乎将全部的精力投入到出版事业中，也将千万家产毫不吝啬地投入进去。他先后经营过金屋书店、第一出版社、上海时代图书公司，办过《狮吼》、《金屋》、《新月》、《时代画报》、《时代漫画》、《时代电影》、《诗刊》、《文学时代》、《万象》、《论语》、《十日谈》、《人言》、《声色画报》、《自由谭》、《天

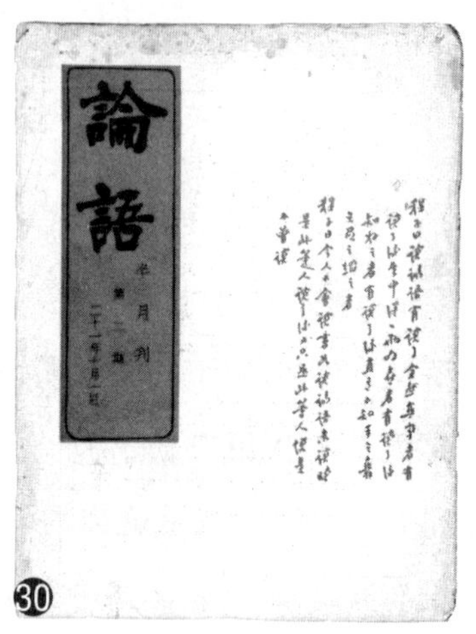

图29：时代图书公司编辑的《时代漫画》。

图30：唯一赚钱的杂志《论语》。

下》等刊物。漫画家黄苗子说："如果没有邵洵美的《时代漫画》，中国的漫画无法想象。"那么也可以这么说："没有邵洵美的《诗刊》，中国的新诗不无法想象。"更可以说："如果没有《论语》，中国的小品文写作无法想象。如果没有邵洵美，海上文学中国现当代文学不可想象。"

邵洵美半生办报刊搞出版，虽然对文化倾家荡产倾心尽力，但是做的却全是赔本买卖，以至赔光了自己的万贯家产。他主办的所有杂志，只有一本《论语》让他赚了钱。但是赚钱或亏本他从来不以为意，如果为赚钱，他守着祖传的老宅子，去做祖传的生意好了。他办报刊搞出版为的是传播文化，而且要拿祖传下来的金山银山传播科学真知，而且他做的全都是不惜一切代价的大手笔：一九三六年，他出版了一套《时代科学图画》丛书，在"编辑缘起"中他说："今日中国人所需要的绝对不是'迷信'和'复古'一类的东西，而是科学知识的介绍。因此本公司根据时代的要求，数年以来曾搜集世界科学名著数百册，并聘请专家执笔，将一般的科学知识，用简洁的文字，有系统地写真、编译而成《时代科学图书丛书》，计有《现代战争的秘密》、《航空的秘密》、《科学的秘密》、《生物的秘密》、《山海的秘密》及《显微镜里的秘密》等六大厚册，贡献给我们这极其渴望地要产生科学头脑的社会。"另外一件大事就是在别人看来愚蠢之极的行为：主编《新诗库》，为所有的新诗诗人每人出版一本诗集，第一年就出版了十种，《玮德诗文选》、《一切的顶峰》、《梦家诗存》、《蝙蝠集》、《诗二十五首》、《永言集》、《龙涎集》、《海上谣》、《二十岁人》、《太湖集》等。

当时正是老上海的摩登时代，各类杂志多到难以计数无以复加，有女性、电影、少年、文学、汽车、养生等十几大类，外加众多晚报、小报和出版社。报刊的空前繁荣从精神品位上将上海从一个农耕的小城带入有世界格局与视野的大都会——它是包容的，甚至包容得下《玲珑》这样的女性杂志，它倡导女性摩登、现代与独立，在这里你可以看到这样耸人听闻的标题：《怎样玩玩男子》——更石破天惊的是，它会刊登裸体照片，公开谈论做爱的地点、气氛与体位。当然也更包容《自由谭》这样的政论杂志，这一份由邵洵美的情人项美丽创办的杂志当时名闻东南亚，邵洵美经常化名在上面发表抗日文章，指出“抵抗是唯一的出路”。当年，毛泽东的《论持久战》在延安发表，项美丽将其翻译成英文，邵洵美立即在《自由谭》英文版杂志《直言评论》上连载，并加按语：“近十年来，在中国的出版物中，没有别的书比这一本更能吸引大众的注意了。”为了发行《论持久战》，邵洵美特地买了一把手枪防身，甚至还请了一名保镖，以防意外。唯美派大诗人，他的另一面就是肝胆相照、豪气冲天的侠客。

第二章 倾城之恋

我爱，那时间你我再不必张皇，更不须声诉，辨冤，再不必隐藏，你我的心，像一朵雪白的并蒂莲，在爱的青梗上秀挺，欢欣，鲜妍，在主的跟前，爱是唯一的荣光。

——徐志摩

在春天看到了北平之花

一九二四年春天，徐志摩在好友陈赓家相逢陆小曼，一场浪漫缱绻的倾城之恋由此拉开紫红色序幕。

那是陈赓新婚后不久的一天，是陈赓与陆小曼按习俗“回门”的日子，胡适带着徐志摩来看望陈赓。他们选择在夕阳西下时分按响了陈家幽静四合院的铁门，一进门就看到了一个玲珑曼妙的穿旗袍的女子，笑容如花一样从樱花树下逶迤而过。至情至性的徐志摩看呆了，他后来写了一首诗：

那天爱的结打上我的
心头，我就望见死。那个
美丽的永恒的世界。死，
我甘愿地投向，因为它
是光明与自由的诞生。
从此我轻视我的躯体，
更不计较今世的浮荣，
我只企望着更绵延的

时间来收容我的呼吸。
灿烂的星做我的眼睛，
我的发丝，那般的晶莹。
是纷披在天外的云霞，
博大的风在我的腋下
胸前眉宇盘旋——

爱对徐志摩来说，是天与地的契合，是灵与肉的统一，他的一生就是美的载体、美的象征。爱是他的一个出口，就是他的诗歌。爱的对象可以是宇宙万物，也可以是一个活色生香的女人。冥冥中他的一生就是一次漫无边际、没有终结的寻找，永远止境我的寻找之旅。终于在北平，在这个樱花飘落的人间三月天，他遇到了陆小曼，天雷滚滚而来，勾动了熊熊地火。

胡适早就认识王赓，也先于徐志摩认识了陆小曼。后来徐志摩到北平，两人吃过饭后，胡适说："你这次来北平，我带你去结识一个人，你一定要认识这个人，才不虚此行。"徐志摩有点不相信，反问道："是哪一个？竟然不见她就等于没来过北平？我倒很想见见，这是何等的妙人。"胡适不像开玩笑，板起脸一本正经地说："你要见见，一定要见见——这是北平有名的王赓太太……"徐志摩举手拦住他："好，不必再往下说，我们这就去见——你说的王赓先生，我也认识，我们是同门师弟，都是梁启超先生的弟子。"

当时两个人都很年轻，翩翩少年遇上大好春光，满脑子都是罗曼蒂克的念头，爱就如同鼓荡而起的春风，没有人能挡得住。徐志摩那天特地剃了胡子，换了衣裳，打扮得风流潇洒。胡适虽然是中式袍褂，却也洗了澡，作了精心修饰。刘海粟等其他好友得知消息，也都要来凑热闹。几个人雇了三辆黄包车，一路欢声笑语来到一处朱红漆就的大门

图31：初相识时的徐志摩与陆小曼。

图32：京都名媛陆小曼。

图33：徐悲鸿笔下的陆小曼。

前。当下仆佣通报说“小姐就来”时，徐志摩很纳闷，与众人面面相觑：“我们要见的明明是一位太太，就是再年轻，也不能叫小姐呀？”说话间陆小曼就缓缓走出来，站在樱花树下。胡适说：“看好了，看清了，如此光彩照人的美少女，不叫小姐叫什么呢？”这是徐志摩初见陆小曼，一见钟情，也一见如故。

当时陆小曼是数一数二的名媛，虽然名动京城，但是似乎只能称她为名媛而非交际花，她身上那种冰雪聪明与幽幽的书卷之气，与交际花的脂粉之香完全不同，这源自于她良好的家世与富贵的家世——名媛从来都是名门之后，陆小曼生于书香文墨之家，从小受到浓郁的琴棋书画的艺术熏陶。九岁随供职北洋政府财政部的父亲陆子福来到北平，在法国人开办的贵族学校读书。十八岁开始进入北平社交圈，由于多才多艺，能诗善画，很快成为京都新贵追慕的红人。后来父母做主，将她嫁给了年少有为的陆军少将王赓。

王赓比陆小曼大七岁，早年毕业于清华大学，师从梁启超先生。后来进入美国普林斯顿大学攻读哲学，又转到著名的西点军校读军事。回国后先后出任外交部武官、交通部护路军副司令，与陆小曼结婚时，出任哈尔滨警察厅厅长一职。

早年在清华，王赓与徐志摩相当要好。虽然师从同一位导师，两人的性格却完全相反，王赓遇事沉着冷静，全部时间都投入到工作中，对陆小曼如同对待小妹的大哥那样，爱护有余浪漫不足。加上这段婚姻又是父母之命，时间一长，陆小曼就时时显露怨怼，极度不满这个书呆子。她一向在宠爱中长大，爱情对她来说，是生活中不可或缺的佐料，如此枯燥的婚姻生活令她感到索然乏味。在哈尔滨陪王赓生活过一段时间，又不习惯北国边城的生活，很快只身一人回到北平。就在她感情淡漠之际，才高八斗、爱情至上的徐志摩出现了，冥冥之中她好像一直在等待着这一天，他也是。爱情就是心灵感应，不需要更多的语言，只凭那一眼，徐志摩认定陆小曼是他此生无法忘怀的女人。这时候的徐志摩正在北大授课，同处北平，经常借看望王赓之机来看望陆小曼。王赓有书呆子气，不爱玩，视工作如生命。再枯燥乏味的工作他也会万分投入，工作对他来说就是生命。这让陆小曼无法理解，在王赓首肯下，徐志摩与陆小曼一次次出游，爬长城，逛天桥，打牌看戏跳舞，有徐志摩的陪伴，陆小曼好不开心。看到小曼开心，王赓自然也很开心，还感谢徐志摩："志摩，幸亏你代替我陪小曼玩。要不然，她寂寞死了。"

过了一段假期，王赓重回哈尔滨。没有了挡箭牌，徐志摩与陆小曼完全没有顾忌，爱情的种子迅速萌芽。也难怪，他们实在也是两个最相配的人，一个美轮美奂，一个至情至性。一个人见人爱，一个情痴情种，这一对绝配放在一起，就是吴刚遇到嫦娥，就是干柴遇到烈火——春天里的一把火，烧红了北平整个天，烧红了中国半个天！

爱是他的宗教，他的上帝

胡适曾经这样说过徐志摩："他的一生就是美的象征，爱是他的宗教，他的上帝。"胡适说徐志摩说到他骨子里去了，知其弟，莫若兄。

那时候王赓长时间不在北平，两个相爱的人如鱼得水。徐志摩简直一刻不能离开陆小曼。在陆小曼后来编辑的《眉长眉短》中，随处可见他欲仙欲死的绵绵情话：

龙龙：

我的肝肠寸寸的断了！今晚再不好好的给你一封信，再不把我的心给你看，我就不配爱你，就不配受你的爱。我的小龙呀，这实在是太难受了。我现在不愿别的只愿我伴着你一同吃苦。你方才心头一阵阵的绞痛，我在旁边只是咬紧牙关闭着眼替你熬着。龙呀，让你血液里的讨命鬼来找着我吧，叫我眼看你这样生生的受罪，我什么意念都变了灰了！

我的龙：

这时候你睡熟了没有？你的呼吸调匀了没有？你的灵魂暂时平

图34：情到深处的徐志摩与陆小曼。

图35：风情万种的陆小曼。

安了没有？你知不知道你的爱正在含着两眼热泪，在这深夜里和你说话，想你，疼你，安慰你，爱你！我好恨呀，这一层层的隔膜，真的全是隔膜：这仿佛是你淹在水里挣扎着要命，他们却掷下瓦片石块来，算是救渡你！我好恨呀，这酒的力量还不够大，方才我站在旁边，我是完全准备了的，我知道我的龙儿的心坎儿只嚷着："我冷呀，我要他的热胸膛依着我；我痛呀，我要我的他搂着我；我倦呀，我要在他的手臂内得到我最向往的安息与舒服！"但是实际上只能在旁边站着看，我稍微的一帮助，就受人干涉，意思说："不劳费心，这不关你的事，请你早点休息吧，她不用你管。"哼，你不用我管，我这难受，你大约也有些觉着吧。

龙，我的至爱：

将来你永诀尘俗的俄顷，不能没有我在你的最近的身旁。你最后的呼吸一定得明白报告这世间你的心是谁的，你的爱是谁的，你的灵魂是谁的。龙呀，你应当知道我是怎样的爱你；你占有我的爱、我的灵、我的肉，我的"整个儿"永远在我爱的身旁放置着，永久的缠绕着。真的，龙龙！我有时真想拉你一同死去，去到绝对的死的寂灭里去实现完全的爱，去到普通的黑暗里去寻求唯一的光明。

有一次，徐志摩和陆小曼偷偷去香山看红叶，遇到陆小曼曾经的同事，一下午她便闷闷不乐。徐志摩一打听才得知原来刚才遇到的那个男子在外交部工作，而小曼与王赓结婚前，也在北洋政府的外交部任法语翻译，与他同处一个办公室。徐志摩感到小曼的不乐是怕他与她的恋爱传出去，便上前紧紧握着她的手，拖着她朝着看红叶的人群大步流星走去。陆小曼缩回了手："疯子，你干啥嘛？"徐志摩说："我爱你，我们堂堂正正地相爱，没什么见不得人的。你是有婚姻在身，我也有婚姻在身，但是你我婚姻都是父母之命，是封建的，不道德的，我们一定要砸碎它，让全北平的人都知道我们伟大的爱情。”陆小曼看着徐志摩通红的面庞和闪闪发光的眼睛，禁不住紧紧抱住他亲吻起来。当天晚上，陆小曼对徐志摩说：“我一直认为王赓不适合我，我怕伤害他，一直不敢开口提起离婚。”徐志摩紧紧拥着陆小曼：“你傻，你真傻，你不想伤害他，你这样做是伤害了你自己。我知道你多才多艺，我听说当年为了接待外国使节，外交部长顾维钧就请以培养名媛著称的圣心学堂代为推荐，你成为圣心学堂唯一的人选，也是被外交部录用的唯一人选。小曼，你不能这样泯灭了自己才情，又毁了自己一生的幸福。”

陆小曼回到家开始闷闷不乐，她不知道如何面对即将回北平度假的王赓。王赓虽然也算少年得志，却是个穷小子，当初他们在“海军礼堂”结婚时，一切费用全由陆家负担，陆定就是相中这个青年人的稳重与低调。那天的“海军礼堂”来了几百位宾客，仅仅女傧相就有九位，她们是曹汝霖的女儿、章宗祥的女儿、叶恭绰的女儿、赵椿年的女儿，还有五位英国使节的小姐。她与王赓相识不到一个月就结婚，实在太快了，快得陆小曼和王赓还没来得及熟悉就成了夫妻，这样的匆忙从一开始就预示了这场婚姻的不幸。

几天后，王赓再次从哈尔滨回到北平，回到陆小曼身边，他对她说：“你一人在家太寂寞了，我决定调回来。”陆小曼不知道如何回答他，他这里还没有调回来，她那里纸早已包不住火了。

鱼不能没有水，我不能没有你的爱

徐志摩与陆小曼的爱在京都渐渐传开，身边人士都将矛头指向陆小曼，认为她是红颜祸水。小曼悲愤地将所听到的传闻写信告诉远在上海的徐志摩，徐志摩正忙着筹备新月社即将出版的《诗刊》，提笔给陆小曼写信："阿呸，狗屁的礼教，狗屁的家庭，狗屁的社会，去你们的，青天里白白地出太阳，这群人血管里的水全是冰凉的。我现在可以放怀地对你说，我腔子里一天还有热血，你就有一天我的同情与帮助。我大胆在承受你的爱，珍重你的爱，永葆你的爱，我如其凭爱的恩惠还能从我性灵里放射出一丝一缕的光亮，这光亮全是你的，你尽量用着吧！"徐志摩蔑视一切陈规陋俗，控制不住一腔激情，他要把他对陆小曼的爱公开出来，让全北平、全中国的人都知道。几乎所有的朋友都反对他与陆小曼的婚外情，只有少年时的同学郁达夫为他说话。一次在来今雨轩吃饭，有人问郁达夫对沸沸扬扬的徐陆之爱的看法，郁达夫说："假使我马上要死的话，在我死的前头，我就只想做一篇伟大的史诗，来颂美志摩与小曼。"

诗人对诗人的鼓励让徐志摩与陆小曼在经过短暂的犹豫之后，开始我行我素，徐志摩决定高调在北京举行他的生日会，他前所未有地要举

图36：徐志摩与陆小曼外出游玩。

图37：画报上的陆小曼。

图38：陆小曼画作：《丰收》。

行一次生日祝寿会，并且亲自一一发出邀请函。大家都好生奇怪，志摩向来不太注重生日，今年发什么神经，要如此大张旗鼓地过他的一个小生日？大家心里犯嘀咕，但还是都来到邀请函指定的地点：南城外的春华楼，这是京城最著名的浙江馆，老板也是徐志摩是同乡，关系极好，此地的“银丝牛肉”名冠京华。众人来了才发现，徐志摩与陆小曼盛装出席，正在静候大家。众人方才明白，原来徐志摩与陆小曼从前再张扬，也只是“地下情”，这一次他们要借着这个普通的生日宴向大家公开宣布，他们将公开活动，公开告诉大家：他们在相爱。那次徐志摩喝得酩酊大醉，最后的高潮是他当着大家的面，抱着陆小曼疯狂接吻，两个人都被这份炽热的爱情所感动，最后泪流满面。

这样的举动无异于火上浇油，最后连远在浙江的徐家父亲徐申如也知道了，他特地赶到京城，训斥徐志摩。欲火焚身的徐志摩哪里听得进老父亲的话，徐申如气得暴跳如雷，临走时丢下一句狠话：“如果你一意孤行，那我告诉你，别想从我这里再得到一分钱。”

徐申如最终含泪而去，徐志摩心如刀割。尽管对父亲满怀歉疚，但是要让他离开陆小曼，不可能做得到。就在这时候，他得到老朋友泰戈尔的来信。泰戈尔说他身体不好，恐来日无多，希望能在意大利和他见上一面。对于徐志摩来说，大诗人泰戈尔就是他天空中的太阳。在从前，他肯定没有二话，立马赶往意大利去见泰戈尔。但是这一次他十分犹豫，因为他有了陆小曼，他不愿意和她有一时一刻的分别，尽管海那边有泰戈尔在召唤，他也不愿离开陆小曼。

徐志摩举棋不定，他要他的好友胡适帮他拿主意。胡适说：“志摩，你该了解你自己，你并没有什么不可撼动的大天才。安乐恬嬉的生活是害人的，再像这样胡闹下去，要不了两年，你的笔尖上再没有光芒，你的心再没有新鲜的跳动，那时你就完了。你还年轻，你应该出去走走，重新在大文学家大艺术家的接触中汲取营养，让自己再增加一些作诗的灵感，让自己的精神和知识来一个‘散拿吐谨’。”

胡适的一番敲打让徐志摩幡然醒悟，他借了一笔钱决定来一次生命的旅行。陆小曼也表示支持：“我虽然非常希望你在我的身边，你不在的话我说不定会疯的。但是，你还是走吧，我不应该妨碍你的前途。”

徐志摩开始了他一生最漫长的一次旅行，就如同他乘坐着的这一趟漫长的穿越西伯利亚的列车。后来不管在伦敦，还是在柏林，不管是会见托尔斯泰的女儿，还是给茶花女、大仲马上坟，在他心里，陆小曼始终和他在一起，不离不弃。他不停地给陆小曼写信，随写随发：

> 你的爱，隔着万里路的灵犀一点，简直是我的命水，全世界所有的宝贝买不到你的一点不朽的精诚。我今天要是死了，我要是把你爱我的爱带了坟里去，做鬼也已自傲吧。你用不着再来叮嘱，我信你完全的爱，我信你比如我信我的父母，信我自己，信天上的太阳。岂止，你早已成我灵魂的一部分，我的影子里有你的影子，我的声音里有你的声音，我的心里有你的心。鱼不能没有水，人不能没有氧，我不能没有你的爱。

徐志摩原本是想暂时离小曼远一点，没想到身体离开，心却与她贴得更近了。

他这顶绿帽子，枪炮也打不掉

徐志摩和陆小曼倾城之恋名动京城，作为当事人，王赓不可能不知道。虽然他工作忙，虽然他是个不折不扣的工作狂，但是偶尔回到北平，回到夜深人静的家庭，与小曼相对，他还是嗅到一丝异样的气息。他没少提醒过陆小曼，但是小曼从来都是一口回绝。王赓无把柄在手，只好自我安慰：小曼从来爱玩爱闹爱交际，任性、娇气、我行我素，但是她不会做得太出格的。不会的，这一点我绝对相信她，因为她毕竟是身出名门的大家闺秀。

王赓一次又一次自我安慰，终于有一天，他半夜归家，发现了男人的皮鞋，发现了徐志摩正在与陆小曼举止亲密。但是，对于师出同门的好友，王赓既不能冷脸，也不能发火，还要与他以礼相待，那场面确实令人难堪。但是王庚怎么也放不下这件事，外面的风言风语传得越来越难听，好脾气的王庚也无法忍受，对女佣一番威逼利诱，迫使她交代出在王赓不在北平的日子里，陆小曼与徐志摩同出同进的事实。继而王赓又在小曼的化妆盒里发现徐志摩的《爱眉小札》。读着那肉麻的信，王赓气疯了。这一天下午他一直守在家中没有外出，一直等到半夜，他才等回了陆小曼。

图39：陆小曼的前夫王赓。

图40：陆小曼与徐志摩相亲相爱。

小曼看到王赓冰冷的脸，和他在不该回家的日子里回到家，她很快明白了什么。其实对于这一天她也是有充分的心理准备，这一天迟早会到来。但是她不想挑明，她希望王赓主动提出来，也许那封信是她故意放在化妆盒里。

王赓一言不发地走到小曼面前，陆小曼暗暗有些吃惊。这时候她万万没有料到，王赓突然掏出他那把从不离身的花口撸子手枪，重重地拍在桌上。陆小曼花容失色，失声尖叫起来——她以为王赓要杀了她。女佣管家齐齐拥上来，王赓和陆小曼正扭打成一团。王赓将枪强行往小曼手里塞："你杀了我吧，除非你杀了我，或者我杀了那个姓徐的！"

北平的小报上很快刊登了"王赓掏枪杀陆小曼"的新闻。陆小曼的父亲陆健三很快赶来，首先对女儿一番劝慰："不错，表面上看他家只是一般乡绅之家，而王赓又为人忠厚，眼下看来，似乎有些配不上你。但是，为父是看中王赓这个人的将来，你一向冰雪聪明，难道不明白为父的一番苦心？非得让父亲一一点破？"

陆健三的一番话让陆小曼收敛了不少，王赓的要求其实并不高，他只要陆小曼能安安静静地守在家中，这是他的底线。但是就是这一点陆小曼也根本做不到，如果陆小曼能做个相夫教子的夫人，一生一世守着一个小家庭，那她就不叫陆小曼了。陆小曼之所以叫陆小曼，就是她的一生注定要成就一段轰轰烈烈的倾城之恋，像唐明皇与杨贵妃成全了那个盛唐之都长安，像茶花女与小仲马成全了浪漫之都巴黎。如果民国文坛少了陆小曼与徐志摩，那该少了多少浪漫与风流？她平心静气地在家待了一个月，这样足不出户的日子对她来说生不如死。她生来就是一个尤物，是徐志摩将她激活了，是爱情将她激活了，爱情就是一朵有毒的罂粟之花，他和她不可能戒掉，因为他们已吸毒上瘾。陆小曼痛定思痛之后，仍然决定和徐志摩在一起。她对王赓说："我是女人，有血有肉，不是在家养个动物，给点好吃的好喝的就行了。除非你真的将我给杀了，否则，我还是要和志摩在一起。”王赓狠狠地瞪着陆小曼，陆小曼突然上前，指着自己的胸口：“我希望你掏枪，打死我，朝这里打，打死了，就一了百了。要不这样下去，肯定是没完没了。你毕业于西点军校，到哪儿都是响当当的。现在是民国时代，你怎么就不能开明一点，开通一点？别让我看不起你好不好？没有感情，一张结婚证能保护什么？”

陆小曼的一番话捅到了王赓的要害，几个月的纠结、怨愤之后，王赓决定放手，这也是出于最实际的考虑。如果绝不离婚，也不是不可以，但是他这辈子，这顶绿帽子不知道要戴多久？决定离婚的那天晚上，王赓喝得烂醉如泥，并且痛哭失声，他说全北平人都知道，他这顶绿帽子枪炮都打不掉。据说陆小曼离开王赓时，已怀上他的骨肉，但是她没有声张，悄悄去医院做了人流手术。意外的是这次手术失败，她从此再无法怀孕，这也是她为这份爱情所付出的代价。这场感情游戏害了三个人，最后的事实也证明，徐志摩与陆小曼只适合恋爱而不适合婚姻。但是他们激情难耐，偏要结婚，而且一定要大张旗鼓、轰轰烈烈地再结一次婚。

我祝你们这是最后一次结婚

漫长的恋情终于有了收场，陆小曼与王赓离婚，与徐志摩结婚。但是令徐志摩焦急的是，父亲徐申如始终没有松口。他除了电话与信件外，还选择回家向父亲恳求。徐申如死活不见徐志摩，徐志摩赖在家中不走，如此半个月。徐申如见事已至此，深深地叹了口气，只得勉强答应这桩婚事，但他提出三个条件：

一、结婚费用自理，家庭概不负担。

二、婚礼必须由胡适做介绍人，梁启超证婚，否则不予承认。

三、结婚后一定要南归，安分守己过日子。

为了能结婚，这三条徐志摩都答应了，徐申如无话可说，离开徐志摩去见张幼仪。在他眼里，徐家媳妇始终是张幼仪。

一九二六年秋天，农历是七月初七，牛郎织女相会的日子，在北平的北海公园，徐志摩与陆小曼举行了婚礼。婚礼的排场不算很大，前来道贺的宾客全是北平文化界的名流，介绍人是他的好友胡适，证婚人是导师梁启超。事先梁启超对徐志摩说：“既然是你父亲的旨意，而我又

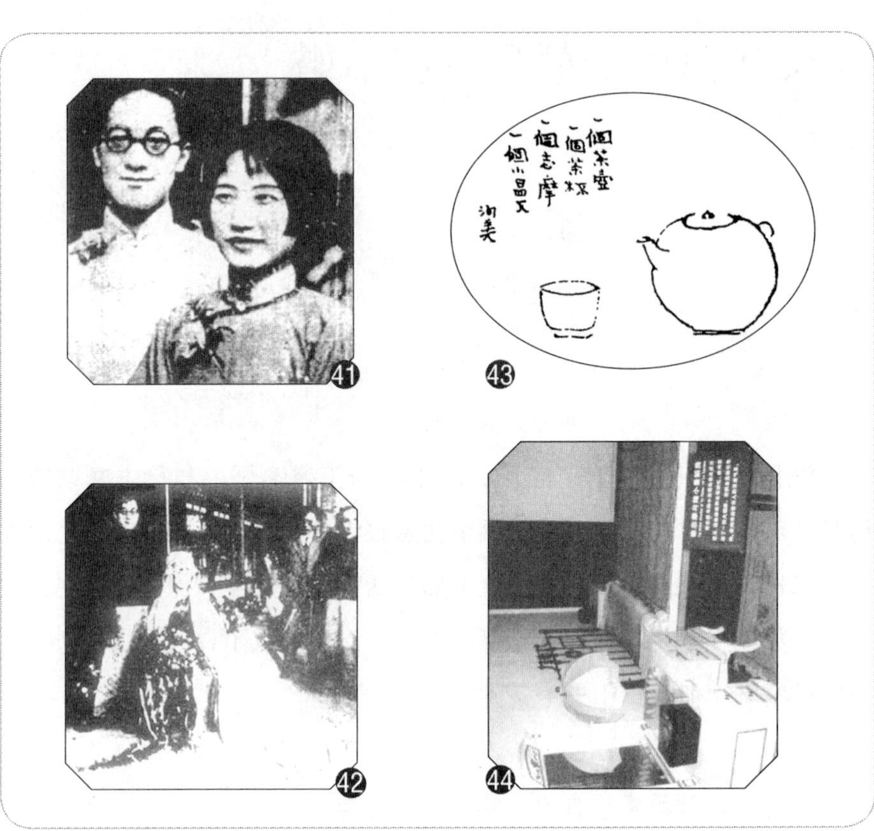

图41：新婚不久的徐志摩和陆小曼。

图42：徐志摩与陆小曼的婚礼。

图43：邵洵美画下的《茶壶与茶杯》。

图44：徐志摩与陆小曼在老家硖石的婚房。

是你的导师，你这桩婚姻我来作证。但是我得自由发挥，你愿意吗？”徐志摩点头：“当然愿意。”

徐志摩根本不会想到，梁启超在众目睽睽之下着一身藏青色长衫上了主持台，清了清嗓子又四下里看看，然后说：“我来是为了说几句不中听的话，好让社会上知道这样的恶例不足取法，更不值得鼓励。徐志摩，你这个人性情浮躁，以至于学无所成，做学问不成，做人更是失败，你离婚再娶就是用情不专的证明。陆小曼，你和徐志摩都是过来人，我希望从今以后你恪遵妇道，检讨自己的个性与行为，离婚再婚都是你们的性格过失造成的，希望你们不要一错再错自娱娱人，不要以自私自利作为行事准则。不要以荒唐和享乐作为人生追求的目的，不要再把婚姻当做儿戏，以为高兴可以结，不高兴可以离，让父母汗颜，让朋友不齿，让社会看笑话。”说到这里他不得不停下来，因为下面早已掌声一片。徐志摩与陆小曼闹了个大红脸，徐志摩站起来说：“请为学生和高堂留点面子。”梁启超口气缓和了一点：“我希望这是你们两人这辈子最后一次结婚，这就是我对你们两人的祝贺，我的话完了。最后我还想说一句，我平生演讲无数次，可能，只有这一次最特别。”

证婚的第二天晚上，梁启超回家写了一篇文章《致孩子们》：“孩子们，我昨天做了一件极不愿做的事情，去替徐志摩证婚，他的新妇是王受庆（王赓别称）夫人，与志摩恋爱上，才和受庆离婚，实在不道德之极。我屡次告诫志摩无效。胡适之、张彭春苦苦为他说情，到底是姑息志摩之故，卒徇其请。我在礼堂演说一篇训词，大大教训一番，新人及满堂宾客无一不失色，此恐是中外古今所未闻之婚礼矣。今把训词稿子寄给你们一看，青年为感情冲动，不能节制，任意决破礼防的罗网，其实乃是自投苦恼的罗网，真是可痛，真是可怜。徐志摩这个人其实聪明，我爱他不过，此次看着他陷于灭顶，还想救他出来，我也有一番苦心。”徐志摩事后也说：“我当面聆听先生的教诲不下数百次，唯有这一次最刻骨铭心。”

徐志摩这样说自然是肺腑之言，但是再刻骨铭心也架不住陆小曼的风情万种，他陶醉在陆小曼的曼妙与欢爱中。胡适等一帮朋友为他高兴，一直从婚宴席上闹到洞房里。醉醺醺的邵洵美突然默不作声地在纸上画了一幅画作贺礼，画上三笔两笔草草涂抹一把茶壶一只茶杯，在上面题了几个字：“一个茶壶，一个茶杯，一个志摩，一个小曼——洵美。”陆小曼看了半天娥眉不展，徐志摩耳语：“那个茶壶，不就是我嘛？你就是个小白瓷茶杯。”陆小曼一下明白过来，笑倒在婚床上。

婚后不久，徐志摩带着陆小曼回到老家浙江海宁硖石镇。他们的爱是无法掩藏的，情到深处，又值新婚蜜月，两个人恨不得时时刻刻拥抱在一起。陆小曼是新派女子，在内心，她自然也想讨公婆喜欢，但是她又完全不会做早请安、晚奉茶之类。她只是与志摩像两个男孩女孩一样玩耍嬉戏，上个楼，也要撒娇让志摩抱她背她。吃个苹果，两个人也要你喂我一口我喂你一口。徐申如实在看不下去，第二天大清早招呼也不打，丢下新婚回门的小夫妻，去北平看他的儿媳张幼仪去了。看到空空的老宅和没有好脸色的下人，陆小曼也有点失落：“他们一定很生气，志摩，这不能怪我，我实在没办法讨好他们。但是在心里，我是尊敬他们的，但是他们对我，天生反感。”徐志摩说：“小曼，不怪你，完全不怪你，我也不想让你在徐家做个缩手缩脚的小媳妇，那多没意思。小曼，这个家不是我们待的地方，它是一个笼子，我飞出来了，我怎么可能让你待在这里？我们也离开，马上离开——”

徐志摩当天带着陆小曼离开硖石来到上海，他的心胸完全被幸福充盈着，甜蜜的好日子才刚刚开了个头。

十足一个乡下土包子

徐申如去看望的儿媳妇叫张幼仪，比徐志摩小四岁，出身于上海宝山县巨富之家，是徐志摩的结发妻子。

当时，十二岁的张幼仪在“江苏省立第二女子师范学校”读书。她的哥哥张嘉璈是浙江都督朱瑞的秘书，巡视杭州一中时发现，一位叫徐志摩的男生才华横溢，他的考卷字迹秀丽苍劲，作文才华毕露令人赞叹。他禁不住向老师打听，老师告诉他，这徐家少爷小小的年纪就是学校的名人，诗才了得，将来必定会成为名震天下的天才诗人，而徐家又是硖石巨富。联想到自家几个妹妹都待字闺中，张嘉璈便动了心思，主动给徐家写了一封信，暗示联姻。

徐申如得到信自然喜出望外，宝山张家他是知道的，而张嘉璈他更是久闻大名。如此显赫之家主动上门求婚，徐家自然求之不得。徐家虽然家大业大，但是也就是硖石地方名人，在外界并无多少人脉。志摩尚小，将来若想成就一番大业，都需要强有力的社会关系，与世代书香门第、政治上炙手可热的张家联姻，无疑是最佳选择。徐申如当即给张嘉璈回信，确定了这门亲事。两家也开始走动，为徐志摩与张幼仪定下婚约，这一年张幼仪也才十五岁，徐志摩十七岁。

图45：端庄的姑娘张幼仪。

图46：徐志摩与张幼仪。

徐志摩心高气傲，根本不想结这个婚。家里人将张幼仪的照片递到他手上，他淡淡地扫了一眼，马上拉长了脸：“十足一个乡下土包子。”佣人们以为他拒婚，就说：“人家也是读书人，才学不比你差多少，你答应也好，不答应也好，这事老爷是点了头的，板上钉钉。”徐志摩说：“结结结，反正是我的一个任务，任务完成了，就没有我的事了。”果然一结婚，他就将张幼仪丢在一边不管不问，去杭州，跑上海，成天疯疯癫癫的，看他的风景写他的诗。不久，就一拍屁股，出洋留学了。

张幼仪在徐家可苦了，她本身就是个小孩子，又拖着个孩子，心里的苦无人倾诉，只到回娘家哭诉。张嘉璈看不下去，写信给徐志摩，希望他回来接妻子儿子出国团聚。徐志摩那时正在苦苦追求林徽因，心里根本就没有张幼仪的位置，找借口一拖再拖。徐申如也看不下去，一来是这个儿媳妇实在懂事、孝顺；二来，自己的儿子长得帅，又有才，也有点花心，外国洋女人那么开放，他可不想自己儿子弄得妻离子散，家不成家。有妻儿老小在身边，也好管管他，让他收收心。他思忖再三，提笔给徐志摩写了一封信，也不管他同意不同意，就买了张船票让张幼仪去找徐志摩。

徐志摩正与林徽因爱得死去活来，哪里想见张幼仪。没办法，只好硬着头皮来到轮船码头来接。张幼仪没出过远门，又晕船，在海轮上吐得一塌糊涂，比死还难受。好歹总算到了码头，她早早收拾好站到船舷边，一眼就在接船的人群里看到徐志摩。多年之后她回忆说：“我斜倚着尾甲板，不耐烦地等着上岸，然后看到徐志摩站在人群里东张西望。就在这时候，我的心凉了一大截。他穿着一件瘦长的黑色毛大衣，脖子上围了条白丝巾。虽然我从没看过他穿西装的样子，可是我晓得那是他。他的态度我一眼就看得出来，不会搞错的，因为他是那堆接船的人当中，唯一露出不想到那儿表情的人。”张幼仪恨不得马上转身就回国，可是船已到了码头，她亦只好上岸。一上岸又吐得一地狼藉，徐志摩站得远远的，厌恶地看着她。等她吐完了，才补了一句："你真是一个十足的乡下土包子。"说罢，他自己也狂吐不止。张幼仪早就从家中佣人嘴里听到他说过这句话，一直怀恨在心，这次逮着机会总算报一箭之仇："原来你也比我好不了多少。"

既然不想她过来，那么张幼仪差不多是厚着脸皮来到他身边，这样的日子可想而知，徐志摩几乎很少与张幼仪交流。有一次张幼仪又怀孕了，徐志摩得知后大惊，想也不想就大声说："快去打胎，快去打胎。"张幼仪对打胎有点恐慌，期期艾艾地说："听说堕胎有危险，要出人命的。"徐志摩马上补她一句："那我还听说坐火车会出轨也要死人的，那你就不坐火车吗？"张幼仪被噎住，一时说不出话。为了维持与徐志摩的关系，她只好一忍再忍，两个人难得去看一场电影，坐在黑暗中徐志摩只是专注地看，就当坐在身边的她是透明人。偶尔她没话找话和他套近乎，他一句话就将她挡开："你懂什么？"张幼仪只好装作没听见，谁让她嫁的丈夫如此出名。可是，她一味忍耐的结果是徐志摩得寸进尺，终于有一天，他将一个女学生带到家里来，这回张幼仪可再也无法忍受了。

一把秋天的扇子，被人遗弃了

这个女生被徐志摩称为明小姐，两人正处在热恋之中。张幼仪的到来让徐志摩不能像往常那样与她自由来往，但是那个妙人儿的倩影无时无刻不在他眼前出现，他痛苦、烦躁，坐立不安。面对丈夫的苦眉愁脸，张幼仪也为不能进入他的心灵而难过。她每天除了忙着一份家务，空闲时间只能默默地坐在后门走廊上，眺望日出日落、晨昏交替，不知道该怎么办。因为在这之前，徐志摩无情无义、毫无疑问地命令她打胎，令她伤心不已。

明小姐的到来是徐志摩突然向她宣布的，张幼仪猝不及防。徐志摩说："今天晚上家里要来一个客人，明小姐。她是从爱丁堡大学来的一个朋友，我要带她到康桥逛逛，然后带她回来和我一道吃晚饭。"起初，张幼仪只当是一般的女作者，并没太在意。忙着将家里打扫一遍，还抽空去做了头发，不能让新派小姐们轻视她。后来那位明小姐来了，徐志摩也不告诉张幼仪她叫什么名字，张幼仪只得称她为明小姐。第一眼看到明小姐，她有点怪怪的感觉，那个明小姐仿佛努力在追赶时髦，竭力想表现得洋里洋气。头发剪得短短的，擦着暗红色的陈膏，穿着一套毛料海军裙装。张幼仪顺着她那穿着长袜的腿往下看，她惊讶得透

图47：张幼仪和儿子在一起。

图48：徐申如送给儿媳张幼仪的豪宅：老上海范园。

不过气来，那两只挤在绣花鞋里的脚，分明也是小脚——原来这位新潮女生也裹了双小脚。张幼仪心里很不好受，徐志摩口口声声称她为土包子，原来他带一个女人回来，也就是缠了小脚的土包子。她在洗碗时突然想到，徐志摩那么坚定地让她打胎，是不是就是为了让这个女生进门？他带这个明小姐回来，一定是在试探她，是不是有可能接受三个人共居一屋？因为他对明小姐的好是摆在脸上的，他就是在告诉张幼仪，这个明小姐不光是他的女朋友，很有可能变成他的第二位太太。她又想到梁启超，徐志摩就说过，梁启超的姨太太就是在日本留学时娶进家门的，这一次徐志摩显然就是向梁启超学习。张幼仪心烦意乱，对徐志摩气愤、失望、厌恶之极，决定主动提出离婚。洗好碗从厨房出来，徐志摩坐在客厅，突然开口说："你对明小姐有什么意见？"张幼仪不看他，只是板着脸说："呃，她看起来很好，虽然小脚和西服不搭调。"这一下让徐志摩气疯了，他以为张幼仪在挖苦他，他大声高喊："我就知道，所以我才想离婚。"徐志摩声音之大把张幼仪吓了一跳，她突然感到，这间房子容不下她们母子了，他的心，早就不和他们在一起。或者说他的心从来就不曾和他们在一起，她如同"一把秋天的扇子，被人遗弃了"。

第二天，徐志摩就从人间消失了。一天、两天、一个星期过完了，他还是不见人影。他好像不是计划好的离家出走，因为他最爱的书就散乱地放在桌上，如果他计划好了的话，起码应该带上那几本书。张幼仪胡思乱想，就在她一个人在国外孤立无援的时候，一个叫黄子美的男子来了，他是替徐志摩来当说客的。他坐下后东扯西拉一阵，然后直奔主题："他在外面其实很想知道你的意思——"他轻轻皱着眉头，好像正在一字不漏地搜索徐志摩说的话。停了一下，他又说："……我是来问你，你愿不愿意只做徐家的媳妇，而不做志摩的太太？"张幼仪想了半天总算才明白他的意思，那其实是徐志摩的意思，她突然火冒三丈：

“徐志摩忙得没空来见我是不是？你大老远跑到这儿，就是为了问我这个蠢问题？”她突然站起来，表示起身送客。在黄子美背后，她重重地关上门，那一刻她知道，徐志摩再也不会回来了。不久，他与徐志摩签字离婚，据说他们的离婚是中国历史上依据《民法》的第一桩西式文明离婚案。

离婚后，张幼仪擦净眼泪，投靠了在巴黎的二哥张君劢。二哥劝她重新嫁人，张幼仪拒绝了，她将孩子托付给保姆，自己进入裴斯塔洛齐学院攻读幼儿教育。一九二五年痛失爱子彼得后，她回到上海。这时四哥张嘉璈已经是中国银行副总裁，正在着手成立上海女子商业银行，举贤不避亲，当下他任命妹妹为女子银行副总裁。而八弟张禹九在静安寺路开了一家云裳服装公司，张幼仪又出任该公司总经理。身兼副总裁与总经理，她的经营能力和才情得到极大发挥，银行和公司被她打理得井井有条，抽空还去看望徐志摩的父母。她说：“志摩托人问我是不是愿意只做徐家媳妇，不做志摩太太，当时我很生气，现在我则很高兴，我不做志摩太太，也要做徐家媳妇。”徐申如十分感动：“志摩待你如此无情，你难得对我们还如此孝顺。”徐申如将海格路（今华山路）125号范园送给了张幼仪。

此时的张幼仪，俨然成了上海滩上一个人物，每日来找她处理公务的人员川流不息。这天，一个漂亮的女性出现在她办公室门前，她定眼一看，惊呆了，这个时髦的女子原来是徐志摩现在的恋人林徽因。

我是天空里的一片云

林徽因是徐志摩忘年交林长民的女儿，早在伦敦时两个人就开始相爱，只是一开始张幼仪并不知道。林长民与徐志摩的导师梁启超是多年老友，一九二零年，林长民带着他的“唯一知已”林徽因来到欧洲游历。风雅情趣与过人才华让他与徐志摩一见如故。更令徐志摩难以忘怀的是他的女儿林徽因，正值曼妙青春，和她父亲一样才华横溢，徐志摩怦然心动。两人相识不久，徐志摩就送给她一首诗《偶然》，表示他的真挚情感：

我是天空里的一片云，
偶尔投影在你的波心。
你不必讶异，
更无须欢喜，
在转瞬间消灭了踪影。

你我相逢在黑夜的海上，
你有你的，

图49：才女林徽因。

图50：林徽因和父亲林长民。

我有我的，方向。
你记得也好，
最好你忘掉，
在这交会时互放的光芒。

林徽因其实并非来找张幼仪，她只是想到云裳服装公司做一套旗袍，这里的旗袍在上海滩是出了名的。她听徐志摩说张幼仪是女子银行的董事长，白天全天都在女子银行，只是晚上下班了，才弯过来看一看当天公司的进出账目。可偏偏就凑巧，这天因为云裳服装公司有事，张幼仪一整天都在这里。张幼仪多次在报纸杂志上见过林徽因的照片，对她再熟悉不过，对她与徐志摩的情事后来也听过一些传闻。但是现在她和他已经离婚，作为一个女人，她正在职场打拼，并努力改变自身形象。即便现在林徽因与徐志摩爱得死去活来，也与她没有关系。她礼貌地接待了林徽因，并交代手下尽快尽好地给林徽因做一套最美的旗袍。当然，工钱是不收的。这让林徽因相当感动，事后她将此事告诉了徐志摩，徐志摩在《新浙江》上发表了一首诗《笑解烦恼结——送幼仪》：

这烦恼结，是谁家扭得水尖儿难透？
这千缕万缕烦恼是谁家忍心机织？
这结里多少泪痕血迹，应化沉碧。
忠孝节义——咳，忠孝节义谢你维系
四千年史髅不绝，
却不过把人道灵魂磨成粉屑，
黄海不潮，昆仑叹息，
四万万生灵，心死神灭，中原鬼泣。
咳，忠孝节义！

如何，毕竟解散，烦恼难结，烦恼苦结。
来，如今放开容颜喜笑，握手相劳，
听晚后一片声欢，年道解散了结儿，
消除了烦恼。

即便和张幼仪离了婚，即便与林徽因的来往得到林长民的默许，但是徐志摩与林徽因始终没有走到一起。或许是林徽因早在徐志摩之前就许配给梁思成，或许是她无法承担拆散别人家庭的恶名，若即若离的爱情也若隐若现，像云缠雾绕的山峰。泰戈尔的访华让两人爱情又再次浮出水面，那是因为新月社专为欢迎泰戈尔而演出的泰戈尔名剧《齐德拉》。林徽因演那个被爱神赐予无限美丽的公主，徐志摩出演爱神，林长民饰演春神。这一场演出让徐志摩与林徽因再度陷入舆论的风口浪尖。徐志摩一向我行我素，从不理会这些道听途说，不顾一切地和林徽因在一起。可是，就在这次演出结束后，林徽因卸了妆，突然对他说："我要离开北平了。"徐志摩大吃一惊："你要到哪里去？"林徽因说："我已和梁思成商量好，过几天要和他一起去美国留学。"徐志摩一听，像疯了一样拉住她："这么大的事，为什么你一直瞒着我？为什么有那么多在一起的时间，你却不肯告诉我？"听到外面杂沓的脚步声，林徽因挣脱了徐志摩的拉扯，转身离去。

徐志摩的失魂落魄从此开始，这时候泰戈尔仍然还在中国访问。在陪同他前往太原时，所有的朋友都来车站送行，林徽因也在其中。徐志摩趁着在车站休息时间给林徽因写一封信："我真不知道我要说的是什么话，我已经好几次提起笔来想写，但是每次总是写不成篇。这两日我的头脑只是昏沉沉的，开着眼闭着眼都只见大前晚模糊的凄清的月色，照着我们不愿意的车辆，迟迟地向荒野里退缩。离别！怎么能叫人相信？我想着了就要发疯，这么多的丝，谁能割得断？我的眼前又黑了！"

上车了，他的信却没有写完，此时他的眼里没有泰戈尔只有林徽因。他隔着窗户想向她打个招呼，却话说不出来，眼泪夺眶而出。胡适在底下大叫："志摩哭了！"所有的人把目光从泰戈尔身上移开，一起看着徐志摩。徐志摩悉性不再控制，一任泪水滔滔流淌。

林徽因与梁思成去美国之后，徐志摩大病一场。朋友张歆海陪他来庐山休养，张歆海看到徐志摩的满面愁容，说："你这家伙，真是个情种，一刻也离不开女人的慰藉。一旦有了一个心目中理想的女人，马上便才思泉涌。没有了女人，便整天失魂落魄。"徐志摩说："没有女人，哪有生活？没有生活，到哪里寻找诗、寻找美？我生来就爱美，美在哪里？在自然，自然中最美的是什么？是女人。女人是上帝最得意的作品。我不是神仙，对女人，我的爱慕有着情欲的成分，这个我承认。但更重要的是，那美丽的女人的身上，寄托着我那'爱、自由、美'的理想。"徐志摩原来一点都不疯魔，他对自己、对爱情的认识，是那么独到，那么精准。

书呆子住在书呆子家

和陆小曼结婚后，徐志摩仍然没有忘记林徽因，好朋友凌叔华担任了联络员的工作。事实上凌叔华自己、包括后来的韩湘眉，都是徐志摩的红颜知己。只是那时候徐志摩有了最痴恋的陆小曼，生活担子压得他喘不过气来，他除了教书、挣钱，再无暇顾及其他。

这也是后来徐申如最痛恨陆小曼的地方，陆小曼身出名门，又擅交际，平时派头很大，动辄一掷千金。郁达夫的太太王映霞是她的闺蜜，有一次她陪陆小曼逛商店，陆小曼一口气连买五双高级皮鞋，让王映霞目瞪口呆。为了满足陆小曼的奢侈开销，徐志摩分别在光华大学、东吴大学、上海法学院、中央大学、以致北平的北京大学到处兼课，拼命赚钱，以博取娇妻温柔一笑。即使这样，他还要经常欠债，有时候家中没钱，急得他如同热锅上的蚂蚁。但是再苦再穷，他不可能开口向家里要钱，因为他这桩婚姻自始至终没有得到家父的支持，他也是努力要争一口气。为了挣钱，他搭乘不花钱的邮政专机。在北平，他甚至住到胡适家一间很小的偏房里，只为了省下一笔旅馆费而心甘情愿寄人篱下。

寄人篱下的滋味当然不好受，虽然与胡适一同上课，一同回家，说说笑笑很开心。但是小脚女人江冬秀对一切新派教授均没有什么好感，

图51：徐志摩在硖石的故居。

她担心这个吃着碗里霸着锅里的花心萝卜，带坏了自己的老公。可是胡适骗江冬秀说徐志摩会交房租——那时候胡适其实负担也很重，要养侄子、要养老娘，大家小家外加仆人佣人一共几十口，全都张嘴朝他要饭吃。有时稿费不济，薪水又接不上，就靠江冬秀在麻将桌上赢钱补贴家用，所以一笔房租对江冬秀来说是不小的诱惑。

其实徐志摩住在胡适家很不习惯，日复一日的麻将更让他生不如死，江冬秀恨不得二十四小时泡在麻将桌上。胡适是“妻管炎”，不过问更不敢制止，有时无人打麻将太太在家生闷气，他还到处打电话帮她邀请牌搭子。有一次实在找不到人，就将徐志摩拉来充数。徐志摩连连摇头：“我不会我不会，你叫我打麻将，干脆就让我送钱给嫂子。”住在胡适家时，徐志摩很忙，白天要去北大授课，晚上还忙着编《新月》，听到客厅里噼里啪啦的麻将声，他心烦意乱，就邀请胡适出去散步。胡适腾不出空，他要给牌桌上的麻友上茶送点心，只得叫罗尔纲陪他外出走走。罗尔纲给胡适腾稿赚点零花钱，他告诉徐志摩，江冬秀打麻将的收入是胡家财政来源之一。徐志摩听得目瞪口呆，怪不得大才子斯文扫地要照顾一帮老赌鬼，原来是为了讨生活。他似乎原谅了江冬秀，慢慢地也适应了胡家麻将，但是却一直不能适应江冬秀那一手咸得要死的徽州菜。

胡家徽州菜是江冬秀的拿手好戏，每当家中有客，胡适就让江冬秀献宝似的露一手。最得胡适欢喜的就是一品锅，将鸡鸭鱼肉豆腐青菜肉丸一锅煮熟，油大，又咸，徐志摩并不爱吃，但他从来不说。江冬秀以为他爱吃，拿她的美食观来说，徽州最好的美味，岂有不爱之理？每次开宴，她必定逼着徐志摩将属于他的那一份吃完，这让徐志摩苦不堪言。更难以接受的，是江冬秀过分的关心，时常也不管他有多忙，就踱进来，问东问西。她最关心的，永远是陆小曼和林徽因。这让徐志摩有点不舒服，他的所有信件全由江冬秀收转，很长时间陆小曼总不回信。

他疑心回信让江冬秀偷偷藏起来不给他，终于心情恶劣，甚至影响到他与胡适的关系，在一封信里他这样写："我回家累得直挺在床上，像死——也不知哪来的累。适之在午饭时说笑话，我照例照规矩把笑放在嘴边，但那笑仿佛离嘴有半尺来远，脸上的皮肉像是经过风腊，再不能活动。"

这一年秋天，小曼一连来了好几封电报，急催徐志摩返回上海。徐志摩放下手头工作回上海去见陆小曼，一见面就发现陆小曼骨瘦如柴，精神还萎靡不振。打听后得知，原来她变本加厉吸鸦片，剂量比过去增加了三倍。徐志摩忧心如焚，叫女佣偷偷藏起她的全部鸦片，然后苦口婆心地劝说："眉，我爱你，深深地爱你，所以劝你把鸦片烟戒掉，吸烟对你身体有害，现在你瘦得成什么子。我看了，真伤心得很，我的眉啊！"

陆小曼找不到鸦片，几乎疯了。徐志摩要赶回北平，但是陆小曼就是不肯放他离开，并且大发雷霆。看着徐志摩要出门，她将吸鸦片用的大烟枪朝他头上掷去。徐志摩躲闪及时幸未击中，但鼻梁上的金丝眼镜却滑落到地上，镜片也碎了。很蹊跷的是，当天黄昏，家中挂得好好的一幅志摩画像突然自动脱落，掉在地上。陆小曼觉得很蹊跷，一夜坐立不安。第二天，徐志摩乘坐的由南京飞往北平的邮政专机在济南近郊失事。他如同一颗彗星，划过茫茫夜天。

被女人疯抢的“八宝箱”

徐申如闻听凶讯，整个人被悲伤击倒。而凌叔华、林徽因、陆小曼却开始争抢徐志摩遗留的“八宝箱”，生怕自己和徐志摩的那些风流隐秘流传出来。这时候只有张幼仪站了出来，当即带着孩子赶到事发地点。在胡适的帮助下料理徐志摩后事，这给徐申如带来莫大的安慰。但是他坚决不允许陆小曼参加在硖石举办的徐志摩追悼会，陆小曼无奈，只得自撰挽联寄托哀思：

多少前尘成噩梦，五载哀欢，匆匆永诀，天道复奚论，欲死未能因母老；

万千别恨向谁言，一身愁病，渺渺离魂，人间应不久，遗文编就答君心。

其实要说起来，徐志摩之死与陆小曼真没有关系，他是赶往北平参加林徽因一个演讲。头天他发电报给林徽因，说他坐飞机从南京过来，叮嘱她下午三时雇车到地苑接他。可是一直等到四时半也不见人，林徽因十分着急，告诉了胡适。胡适安慰她：“飞机时间有变化是正常的，

图52：楚楚动人的林徽因。

图53：林徽因与梁思成。

图54：徐志摩、林徽因、陆小曼合影。

图55：徐志摩的密友凌叔华。

再等等。”等了一夜没有消息，第二天早上，胡适看到《北平晨报》上一则报道，说一架飞机在济南之南遇大雾坠落山中，司机与乘客皆死。胡适当即放下报纸，失声叫道：“哎呀，不得了——”马上借车去中国航空公司查询，他们也不知乘客姓名。一路辗转致电给山东教育厅，回电说死去的乘客正是诗人徐志摩。胡适像当头浇下一盆凉水，待在那里。

悲痛伤心的胡适帮着料理了徐志摩的后事，凌叔华、林徽因、陆小曼却为徐志摩那只“八宝箱”吵成一团糟。胡适心烦意乱，一打听，才知道所谓的八宝箱，就是一只装了徐志摩风流日记和书信的皮箱子。

那还是在一九二五年，徐志摩到欧洲去旅行，他的日记与书信手稿不便携带，便统统装进一只箱子里。箱子交给谁保管，徐志摩颇为难——其时林徽因与梁思成在美国留学，陆小曼刚刚与他在一起，这两个人都不合适。他想来想去想到挚友凌叔华，这只装满个人隐私的皮箱子，交给凌叔华最放心。箱子最终交到凌叔华手上，并且一放就是六年。据说中间徐志摩曾将箱子取回，但不知何故，最后又将它重新交给凌叔华，也许怕陆小曼在家乱翻。现在，徐志摩已故，林徽因想将那只箱子要回来，因为其中有三本“康桥日记”，徐志摩详细记录了与她相知相恋的点点滴滴，是她个人最大的隐私，当然应该物归其主。林徽因不好意思当面去找凌叔华去要，托胡适帮她。胡适说：“你和志摩的事大家都知道了。”意思是既然公众已知道，要不要回都无所谓。可是林徽因不这样看：“都知道就是凌叔华传出去的，志摩的日记她怕都能背出来了。”胡适说：“既如此，志摩在世时你为何不要回？”林徽因说：“我要过几次，他说早晚会交给我保存，我哪知道他会出事。”

胡适也没说什么，第二天就找到凌叔华，说出林徽因的意思。凌叔华很不高兴，她后来在晚年给陈从周的信上说：“在胡适家有一些他的朋友，闹着要求把他的箱子取出来公开，我说可以交给小曼保管，但是胡适帮着林徽因一群人要求我交出来（大约是林和他的友人怕志摩恋爱日记公开了，对他不便，故格外逼胡适向我要求交出来）。我说我应交小曼，但胡适说不必，他们人多势众，我没法拒绝，只好原封交与胡适。”

凌叔华说是“原封”，可林徽因收到八宝箱后一一清点，认为少了。而且少的那一部正是林徽因牵肠挂肚的“康桥日记”。林徽因认定凌叔华报复她，扣留了她的“康桥日记”。这回她再也坐不住了，撇开胡适，直接去找凌叔华。凌叔华一见林徽因，脸拉得老长，她的愤怒也在情理之中。曾经她为了给徐志摩写传记，也有意编辑一本《志摩信札》，向林徽因借阅她与徐志摩的通信，林徽因冷着脸拒绝了。现在林徽因找上门，她也以冷脸相对，你不仁我不义，你能拒绝我的要求，我为什么不能拒绝你的要求？可是林徽因自始至终不生气，还打着胡适的牌子，好像此事与她无关，她是受胡适之托。也许看在胡适面子上，凌叔华答应让她两天后再来。

谁知两天后林徽因赶到凌叔华家，凌叔华却不在家，只托家人呈上一封信给林徽因，信中说：“昨日遍找志摩日记不得，后捡自己当年日记，乃知志摩交我乃三本：两小一大，小者即在君处箱内，阅完放入的。大的一本未阅完，想来在字画箱内（因友人物多，加意保全）。因三四年中，四方奔走，家中书物皆堆叠成山，甚少机缘重为整理，日间得闲当细检一下，必可找出来阅。此两日内，人事烦扰，大约须在此星期底才有空翻寻也。”

林徽因一看气疯了，根本就是不想交，她再一次委托胡适出面调停。最后凌叔华才交出那三本“康桥日记”，却又发现少了紧要处的记录。于是，胡适第四次出面，结果闹出谁有权保存徐志摩遗物的法律问题。外人追着看八宝箱的秘密，结果越看越糊涂。卞之琳就摇头说：“唉，一笔糊涂账。”

超然物外的只有张幼仪，她在新中国成立前夕赴港定居，结识了医生苏记之，五十三岁的张幼仪漂泊到此，终于找到了一个停靠的港湾。两位历经沧桑的人终于找到了自己的另一半，和美平静地生活了二十年。苏记之因为肠癌先走一步，张幼仪赴美，和儿子生活在纽约。晚年，她的侄女张邦梅为了写作《小脚与西服——张幼仪与徐志摩的家变》，多次和她进行彻夜长谈。有一次她这样问：“徐志摩给你带来如此伤害，作为你生命里最重要的一个男人，你现在对他感情如何？还爱他吗？”面对晚辈的质问，张幼仪说：“我没办法说什么叫爱，我这辈子从来没有跟人说过‘我爱你’。如果照顾徐志摩和他的家人叫做爱的话，那我大概爱他吧。在他的一生当中遇到的几个女人里面，说不定我最爱他。”

相识在祖父的葬礼上

诗人的爱情总是与众不同，邵洵美也是如此。在他那场轰动上海滩的倾城之恋开始之前，和徐志摩一样，他也娶过一位大家闺秀。这位名门之后叫盛佩玉，两个人相识于舅父盛宣怀的葬礼。

那一场丧事极尽奢华，家族里老爷少爷太太小姐仆佣老妈子倾巢出动，整个生活全乱了套。而且这不是一天两天，因为停棺在家整整一年，大人们先还哭得昏天黑地，最后也不哭了，就把这个当成一桩日常事务来做。各房里的小孩子们早就疯玩成一团，平时哪有这样的机会。少年邵洵美某天一个人从老宅里出来，经过一进又一进深宅大院，来到人迹罕至的后院。那时候正是春天，石缝中长满了蒲公英，非常好看。他走进去正想弯腰采下一朵，突然看到一个眼睛很亮的小姑娘采了一把蒲公英正走过来。她穿着白衫黑裙，脚上也是一双黑鞋子，鞋尖上钉着一簇白色孝布，一双眼睛亮闪闪地看着他。他知道她是母亲的侄女，是她的表妹，叫盛佩玉。虽然同在上海，两人见面的机会却极少，似乎还是在春节匆匆见过一面。表妹好像长大了不少，他上前微笑着说："你一个人在这里？"盛佩玉不说话，将手中的蒲公英全塞到他手中，一溜烟跑了。只剩下邵洵美一个人站在空空的庭

图56：年轻的邵洵美。

院里，手里拿着一束蒲公英。

邵洵美就是在这一年守孝期间暗暗爱上表妹盛佩玉，这一年他们一直生活在一起。除了每七天做一次佛事，小孩子们在一起就是玩。一年之后，舅父的灵柩要放到苏州去，还要再停放两年。到苏州去要坐船，孝子穿着麻衣，用白布围腰。女的都坐马车，周围也用白布围着。每一位送殡者胸前，都别着一枚铜质的盛宣怀像章。抬棺的有一百多人，专从北平请来，据说为慈禧太后抬过棺，从头到脚一色的白底蓝绣花的装扮。大红杠棒直横架起，有好几十根，抬得很平稳，龙头龙尾中央一根直轴，分作横轴支轴。一直抬到苏州河边上，然后乘着二十多艘黑白两色孝布缠着的船只来到苏州，灵柩放在事先筑好的一个厝里。厝用红砖砌成，圆顶的小间，设计成南京明孝陵的无梁殿。棺材放进去，不大不小正合适。棺材下面有铁轨，可以推出推进。有一扇门，这是防火灾的，因为要在此放上两年。

花了大半天时间才安顿好，大家族几百号人一起住在隔壁一座洋楼里，住了十多天。这次房小人多，七八个小孩子睡一床，邵洵美和盛佩玉就睡在一个房间。男孩子睡一张宽大的木床，女孩子睡一张宽大的铜床上，中间用布帘隔开，邵洵美睡的这一头正对着布帘。某天晚上，月亮很大，熄灯后他一点睡不着，悄悄拉开帘子想看看盛佩玉睡着了没有。盛佩玉正起床方便，突然发现一双眼睛在黑暗中闪闪发亮，她吓得尖叫一声，连滚带爬上了床。她做梦也没有想到，这双眼睛正是邵洵美的眼睛。

几天后，几家亲戚一起到苏州留园去玩。留园就是盛宣怀在苏州建造的大园林，有亭台楼阁，戏台不很大，假山很多，树木很高，邵洵美还从来不曾来过。这时候他和盛佩玉已经相当熟悉了，两个人尾随在人群背后，看到假山旁长着一棵树，邵洵美拉住了盛佩玉：“你看，这棵树很少见的，我知道他叫骨牌树。”盛佩玉很好奇：“骨牌树？”邵洵美说："骨牌你不知道吗？"他随手摘下一把叶子，一一指给盛佩玉看："你看，这片，上面凸出的点点，天牌，地牌。这个是长二，这个是板凳。"看着活灵活现的骨牌树，盛佩玉十分惊奇。

几天后，家族里人"转战"到杭州去玩，盛佩玉姐妹和邵洵美兄弟都去了，就住在西湖边延龄大马路上的"清泰第二旅馆"。是中式房子，二层楼。盛佩玉住楼上，邵洵美住楼下。邵洵美没事就来找盛佩玉玩，两个人偷偷溜出房间，房门外就是长而宽的走廊，摆放着很多藤椅，还有摇摇椅。邵洵美坐上去摇晃着，很得意地看着盛佩玉。盛佩玉也找到一张坐下来，摇着荡着。突然越荡越高，她有点吃惊，一回头，发现邵洵美正在后面拼命帮她摇着摇椅。盛佩玉笑起来，邵洵美却不见了，再回头，原来他站在走廊上，正操起照相机偷偷帮她拍照。

洵美的名字是爱的见证

第二天游西湖的时候，邵洵美像个跟屁虫一样不离她左右。趁着盛佩玉落单的片刻，他再次鼓足勇气上前："来，表姐，我再替你拍一张。"盛佩玉看看人多，单单替她照不太好，便说："要拍大家一道拍吧。"她往前追赶姨妈们，邵洵美脸红了，一路紧紧跟随。趁着盛佩玉回眸微笑，举起相机就拍了一下。闪光灯火花一闪，啪的一声，冒出一股烟，盛佩玉的回眸一笑就定格在胶片上。

回到上海，两个人依依不舍各自回家。盛佩玉从此记住了俊朗飘逸的美少年邵洵美，长这么大，依稀还是很小很小的时候见过这位小表弟。她是盛宣怀的孙女，母亲与邵洵美的妈妈是亲姐妹，她应该叫四姨。大家庭里子女众多，大家平时并不居住在一起，逢年过节才聚上一次。聚会时人山人海花团锦簇，见不着面也不奇怪。盛佩玉奇怪的是，从前这个很不起眼的小表弟，怎么会在一眨眼之间就出落得如此俊美飘逸？这样的美少年似乎只能在西洋画报上或在传说中才可以看到。

隔了几天，邵洵美一个人过来给盛佩玉送照片。盛佩玉拿着照片一张一张地看，邵洵美红着脸站在她身边。盛佩玉说："到房间里坐坐吧。"邵洵美突然掏出一个精美的笔记本："这个，送给你的。"盛佩

57

图57：穿旗袍的大家闺秀盛佩玉。

玉接过来，翻开第一页，上面写着一首诗，是送给她的，诗名为：《偶然想到的遗忘了的事情》。这是一首爱情诗，盛佩玉看着，脸红了，她看到诗的最后署名“洵美”二字，就转移了话题：“我记得你从前好像叫云龙？”邵洵美说：“你记性真好，我是叫云龙。”盛佩玉说：“我听四姨这样叫过你的，怎么又改成邵洵美了？”邵洵美注视着盛佩玉，说：“这次与你相见，我们都长大了，因为你叫佩玉，我就叫洵美，我的名字要和你联系在一起。”盛佩玉眨了眨眼睛，好像有些不明白。邵洵美补充说：“《诗经》里有诗叫‘有女同车’，其中就有这样的句子，‘佩玉锵锵，洵美且都’，我改成洵美，我们的名字就同在一首诗里了，我的名字就是爱的见证。”一句话说得盛佩玉一阵耳热心跳，不知道怎么回答邵洵美。

邵洵美回到家，就向母亲提出向盛佩玉求婚。母亲迟疑了半年，认为邵洵美太小了。到了一九二三年，邵洵美赴英留学，他想在出国之前将婚事确定下来。在他的催促下，盛佩玉母亲同意了这桩婚事，邵洵美又带着照相机来到盛家，和盛佩玉照了一张合影——一对郎才女貌的少年，就这样走到一起。

邵洵美起程那天，盛佩玉特地到十六铺码头送行，将一件亲手织成的白毛线背心送给了未婚夫。邵洵美就穿上这件爱人亲手所织白绒线背心，回到房间，提笔写了一首诗：《白绒线马甲》：

白绒线马甲呵！
她底浓情的代表品，
一丝丝条纹，
多染着她底香汗，
含着她底爱意，
吸着她底精神。

我心底换来的吧？

白绒线马甲呵！
她为你，
费了多少思想，
耗了多少时日，
受了多少恐慌。
嘻，为你是你么？

白绒线马甲呵！
我将你穿在身上，
我身负重任了！
我欠了无上的债了！
我心窝里添了无数的助燃品了！
这是我永久诚实
——希望的酬报呵！

白绒线马甲呵！
你身价万倍万万倍了！
你得我终身的宠幸了！
白绒线马甲呵！
你将做我唯一的长伴了！
白绒线马甲呵！
你须将你的本色，
代表她底呵！

看着轮船离去，盛佩玉没有丝毫离愁别绪，邵洵美也是。两个年轻人很开心，因为说好了三年后他回来结婚。三年，对他和她来说，好像是一转眼的事。也许他们那时候年纪太小，盛佩玉十九岁，邵洵美才十八岁。

邵洵美一路经过地中海、红海、印度洋，一路给盛佩玉写着诗，讴歌五月，讴歌大海，当然也讴歌爱情和青春。三年后回来他出版了一本诗集《天堂与五月》，送给了盛佩玉。这是厚厚的一叠有一百五十多页的“明信片”，扉页上印着“送佩玉”三个大字，这是专为盛佩玉创作的诗集，后来成为邵洵美的成名作：

啊，淡绿的天色将夜，
明月复来晒情人的眼泪，
玉姊吓我将归来了，
归来将你底美交还给你。

结婚照上了《上海画报》封面

三年时间转眼即逝，邵洵美如约归来与盛佩玉结婚。他的见面礼是一件美术作品，盛佩玉有些激动地打开礼品匣，一时目瞪口呆。里面就装着一张裸体画，是一个年轻的裸体男子，身材健美，英俊的面孔有一种希腊雕塑式的美感，像极了邵洵美。邵洵美说："喜欢吗？"盛佩玉脸红了："这个，好像不符合中国人的习惯。"邵洵美说："我认为这是最绝妙的新婚礼物，还是徐悲鸿帮我选购的，这个希腊男子就是像我，人人都说我长得像希腊男子，我其实也是一件礼品，我要在新婚之夜送给你。"盛佩玉不习惯邵洵美那种欧式的浪漫情调，早羞红了脸，跑到远远的地方躲起来。

婚礼开始进入紧张的筹备，邵府是老式房子，油漆、装修搞了两个多月。女方要陪嫁妆——三个房间的木器：卧室计有全套房间家具，加落地灯、西式长靠椅。外间计有红木梳妆台、红木吃饭圆桌椅、靠榻床及古董橱。另客堂间全套茶几靠椅，除房间家具为西式柚木之外，都是红木。大衣橱、箱子、垫箱橱、瓷器、被头褥子、枕头等都是按新花样赶制而成。盛佩玉忙得昏天黑地，但是邵洵美的书房布置坚决不要她插手，一直等到他自己布置好了，才让盛佩玉进来参观。盛佩玉进来一

图58：《上海画报》封面刊登了邵洵美、盛佩玉的结婚照。

图59：美籍女作家项美丽。

看，大吃一惊。正中的玻璃橱柜内，供奉着估价五千金以上的希腊女诗人沙弗像真迹。又一只橱柜里，摆放着20万英镑在伦敦拍卖行拍来的史文朋手稿，还有羊皮纸装订的波德莱尔《恶之花》第一版。宽大的写字台后面的墙壁上，挂着结拜大哥徐悲鸿描绘巴黎酒吧“红磨坊”即景的帆布油画。盛佩玉看着直咂舌，怪不得他要亲自动手呢，他怕别人损坏了他的宝贝。

一九二七年一月十五日，上海滩两大家族邵家与盛家，在卡尔登饭店为他们的后代邵洵美与盛佩玉举行了结婚典礼。这场豪门婚礼轰动一时，邵家请了震旦大学校长马相伯老先生为证婚人，老人见到当年的孩子已长大成亲，兴致很高。听到请证婚人入席，他缓步走去，居中站立。左右是主婚人：邵洵美的生父邵恒和盛佩玉的四叔盛恩颐。老人笑眯眯地讲了话，佩玉和洵美向他们鞠了躬，新郎新娘挽了手臂在《结婚进行曲》中慢步走出了大门。许多新闻记者闻讯而至，镁光灯闪闪，记录下这闻名海上的金玉良缘。不久，《上海画报》封面刊登了邵洵美盛佩玉的结婚照，压图的标题是：留英文学家邵洵美与盛家小姐盛佩玉新婚俪影。

新婚第三天是他们回门的日子，两个人走在路上，邵洵美突然要去看望徐志摩。盛佩玉怎么制止他也不肯听，只是说：“坐一会儿，坐一会儿。”两个人弯到徐志摩家，徐志摩和陆小曼听说邵洵美来了，马上迎出来。这一坐下就无法脱身，徐志摩一定要招呼吃饭。酒至半醉，邵洵美说：“仁兄与嫂子移居上海经年，还从来不曾见过伯父来过。”徐志摩说：“别说你，我也是极少见到他——说起来好笑，有一次我回家，父亲叫他陪去看他一个老朋友，坐船过去。我们父子难得这样接近，谈得很热络。我就想，这机会真是难得，为子者该为父做些事，以表孝意。第二天早起，见父亲已起身在船舱，我四下看看有什么可为父代劳的。见桌上父亲才洗了脸，一盆洗脸水尚未倒去，我便急忙举起面盆向船窗外泼去。父亲一见大惊，大叫：‘不可倒。’已来不及了，一副浸在盆中的假牙泼入湖中，已消失无影踪。”陆小曼和盛佩玉听到此，早已笑倒在床，笑疼了肚子。

婚姻并没有束缚邵家大少爷邵洵美，即便后来有了五个孩子，他照样在外一掷千金、吟诗作文，做的上海小开。他的文朋诗友数不胜数，包括国外来上海的作家。那天，他将美国著名的《纽约客》杂志女记者蜜姬带回了家。盛佩玉一向好客，对所有的朋友都以礼相待，对这个来自异邦的金发才女，自然更高看一眼。每次来蜜姬都和孩子们打成一片，她特别喜欢孩子，她随身携带的宠物猿，常常突然掏出来吓唬孩子。看到孩子们厉声尖叫，她开心得不得了。她一天天走近这个家庭，走进邵洵美的生活，后来轰动上海的一场倾城之恋，也就此拉开了序幕。

一位叫蜜姬的美籍女作家

邵洵美与美国女作家项美丽的热恋似乎是必然的，那时候凡漂泊在上海滩的作家生活无着，邵洵美必定要出手相助。外国文化人到上海，出面接待的，一定也是邵洵美。

项美丽一九三五年来到东方之都上海，完全出于浪漫与好奇，大上海的包容与开放很快让她如鱼得水。她这个人生性好动、冒险，生活经历自然也极其丰富。来中国之前，为了研究猴的习性，她居然只身一人到刚果热带丛林里生活了两年，成天与猴们待在一起。对猴有一种特殊的感情，来到上海时，就带着一只袖珍牌的小猿猴，一身金色的毛发，比小老鼠大不了多少。当时邵洵美认识了英美烟草公司的几个巨头，他们那边一有活动就邀请邵洵美参加，邵洵美就融入了外国人的社交圈。那一次是在“上海国际艺术俱乐部”参加晚宴，邵洵美到得晚了点，老朋友费丽茨将她身边一位漂亮的金发女郎介绍给邵洵美，那是他与项美丽第一次见面。项美丽极其美丽，当时她初入上海，在著名的《字林西报》工作，同时也为美国著名的杂志《纽约客》撰稿。这样一位摩登、漂亮的美国才女，自然成为上海滩外国人社交圈中炙手可热的人物。据说当时地产大王沙逊也钟情于她，她正陶醉于海上“众星捧月”般的浪

图60：项美丽喜欢养猿猴，走到哪儿都带着它。

图61：项美丽和盛佩玉相处得很融洽。

图62：邵洵美画像。

漫之中，却与邵洵美不期而遇，她的目标迅速转移，转移到被称为“海上孟尝君”邵洵美身上。

邵洵美到哪里都会引人注目，首先他的洋派外表和贵族气质太与众不同，那一张类似于“古罗马雕塑人物”的面孔让所有的女性陶醉。因为皮肤太惨白，邵洵美每次出门访友，都要坐在盛佩玉的梳妆台前薄施胭脂，他自称这是学习唐朝男子的风度。同时他一直保留着一小撮山羊胡子，他觉得这样才美，才有爵士风度。如此美貌男子，又才华横溢，一口流利的英语幽默风趣，出手还豪阔大方，走遍世界见多识广的项美丽一下子被强烈吸引，禁不住为之倾倒：上海果然了不得，竟然有邵洵美这样有骑士和爵士风度的男子。她投入邵洵美的怀抱如同飞蛾扑火，当然，这对她来说是相当冒险的行为。因为投入到邵洵美的怀抱，就意味着要脱离外国人交际圈，或者说背叛了一直众星捧月般捧着她的外国朋友。她经过反复考量，最终还是决定和邵洵美亲密交往，不因为别的，只因为邵洵美的魅力难以抵挡。就在她与邵洵美走到一起不久，有天突然收到一封奇怪的信，打开来一看，只有一张草纸，而且还是用过的草纸，上面沾着女人的经血。项美丽愤怒了，决定立马和邵洵美搬到一起。像她这种叛逆成性的女人，不可能在乎那些流言蜚语。

但是盛佩玉一直蒙在鼓里，邵洵美身边从来都是朋友如云，老外朋友当然也不缺少，盛佩玉并不在意。邵洵美将项美丽带回家，盛佩玉一如既往地热情接待。

项美丽身材高大，一头短短的黑色的卷发，身材不瘦不胖。盛佩玉十分羡慕她，她一个女人，走遍天下四海为家，还是作家，和洵美谈英文翻译，也和盛佩玉从吃饭筷子谈到桌上每一道小菜，盛佩玉对她格外高看一眼。打听到两人还同年，女人间的私房话就格外多。得知项美丽想在上海长住下去，就帮她在不远的地方租了一间小公寓，还聘请了一个四十多岁的西崽，买菜、打扫、烧菜，一切全包在他身上。房子安顿好的那天，盛佩玉请她过来吃饭，她看到桌上有大闸蟹，那是她从未曾尝过的美味，就多吃了几只。当晚身体忽然不适，她呆坐在一旁，最后竟然号啕大哭。盛佩玉好生奇怪，上前询问，她才哭着说："我看到过一本书，说中国的大闸蟹吃多了会中毒死人的，现在我肚子好痛，可能是中毒很深，怕是活不久了。"盛佩玉忍不住哈哈大笑，告诉她大闸蟹是吃不死人的。为了怕她担心，盛佩玉特地留宿她，给她准备了一个漂亮洁净的房间，让她美美地睡了一觉。第二天早上盛佩玉过来看她："嘿，你不是活得好好的吗？"项美丽不好意思地笑了。

大闸蟹事件之后，项美丽与盛佩玉关系空前友爱，两人一同带孩子们坐着敞篷汽车去看戏。孩子们坐在她腿上，"蜜姨蜜姨"叫个不停。因为她的名字叫Emily Hohn，邵洵美帮她翻译成中文"密姬"，盛佩玉一家就叫她蜜姬。来往如此亲密，意想不到的事发生了。

快要过年时，家中分外忙碌，盛佩玉让邵洵美帮忙开车陪她去采购年货。邵洵美先是同意了，后来又说要去公司办急事，就匆匆开车走了。盛佩玉没有办法，只好带着家佣去市场。他们坐电车经过蜜姬住处，意外发现邵洵美的车停在门前。这一发现让盛佩玉十分吃惊，又仿佛明白了什么。她突然在中途下车，心急火燎地来到蜜姬家，敲门而入。是那个男仆开门，发现是盛佩玉正想阻拦，盛佩玉直接冲进去，结果就看到这样一幕：邵洵美和蜜姬躺在烟榻上共吸鸦片。

盛佩玉强忍着暴怒，扭头就走。她从此与邵洵美约法三章：每晚回家时间不能超过十一点，否则，她将像戏曲里怒打小三的沈大娘一样，闹到蜜姬家中去。可是这时候，邵洵美与蜜姬的倾城之恋早已在上海滩人尽皆知，并且在后世也广为人知，蜜姬后来起码在她的十本书中详细写到邵洵美这个东方美男。当然，这些书的署名不是蜜姬，而是她的中国名字：项美丽。

我知道这一切要发生

项美丽对于要不要和邵洵美在一起其实有过漫长的犹豫。当时在上海的洋人多达七万，他们虽然身在上海，也在中国淘金，但在骨子里看不起中国人。项美丽不但要与中国人同居，还要做中国人的小妾，外国人的正统观念根本接受不了。项美丽当初在上海看够了，也玩够了，决定回去。但是对于回美国她也有些犹豫，美国的物价实在太贵，以她的不稳定的收入来衡量，她一直是个穷人。但是在上海则不同，她仅仅凭《纽约客》的稿费就可以成为一个富人，这里的物价与人工实在太便宜，便宜得令人咋舌。但是物价便宜只是一个因素，甚至是微不足道的因素。最终让她决定和邵洵美在一起，是那次南京之行。她后来在一本书《我的中国》里写道："生活和冒险都有了，似乎就差爱情这一项。"就在这本传记中，她专辟一章"南京之行"，字里行间全都是爱情的蛛丝马迹。

去南京时项美丽已辞去了《字林西报》的工作，到南京一游纯粹是散心。本来她要玩的是另一个城市，但是邵洵美要她尽快去看看他国家的首都，他一直为南京感到骄傲。当时他还是一个处于青春骚动期的、热心政治要改造世界的青年。项美丽架不住他的热情与鼓动，两个人把

图63：在《字林西报》工作时的项美丽。

图64：邵洵美下巴上总有那一撮小胡子。

图65：邵洵美与盛佩玉，有点貌合神离。

臂同游。

在南京，邵洵美的朋友特别多，陪同他们到处游览。项美丽被引导着看了南京主要名胜古迹，紫金山、中山陵、莫愁湖、鸡鸣寺都一一走遍。邵洵美告诉她，一九二七年中国大革命时代，他曾在南京参与了城建工作。那是整个工程中最为残酷的一部分：拆迁。他不得不说服大街小巷的底层老百姓搬离家园，以拓宽马路，兴建高楼大厦，因为国民政府要在这里建都。项美丽饶有兴趣地听着："那么，你是一个国民党员啰？"邵洵美回答："我曾经是国民党员，当它还是一个人民的政党时，我相信它。但现在我已经不是了，我早已厌倦了政治。我是个老人了。"邵洵美随后又补充说："年轻时，我不知道政治是如此的肮脏。"

南京之行让项美丽看到，邵洵美并不只是一个外貌俊美的沙龙阔少，更不是个英文流利、言谈机智的洋场小开。他是一位风格独特的诗人，不遗余力地倡导新诗，还热衷于出版，不说是毁家纾文学，亦可以说是倾其财力支撑着当时海上的文学与出版。在中国现代文学史上，有好几个文学重镇都与他有关。中国现代文学史上几乎所有重要作家，都与他有过来往，他们或在他的出版社出书，或在他的杂志发表文字。当然，这一切并不足以令一对男女相互愉悦，成为情侣。最令项美丽动心的还是邵洵美的性格，他热情洋溢，对世界充满好奇心，与项美丽自己的性格相得益彰。想想看，就在不久之前，对爱情已经绝望的项美丽还对人开出了寻夫的最低标准：三十岁上下，不太穷，规矩、浪漫——可现在，却有这么一个男人闯入她的世界，他三十岁，出身名门，温文尔雅，才华横溢，英俊潇洒，善解人意。更重要的是，他爱她。终于在一个黄昏，车窗外面，金色、蓝色和红色的霓虹灯长长的光球逶迤而过，他们气喘喘喘地拥抱在一起。这时邵洵美才想到要回答她的问题，他的声音颤抖着，却是无比欢乐："我知道这一切会要发生，一见你那天我就知道了。”

还需要说什么？对于一个走遍世界去寻找真爱的女人，这个为她所惊艳的男人也对她一见钟情。此刻，世界在她面前全部消失了，那些本来就不被她放在眼里的世俗规则她统统遗忘，甚至她忘了他也是个中国人，忘了他是个瘾君子，忘了他家眷有娇妻，并且他已是五个孩子的父亲。她只是疯狂地爱着他，他的才华、他的心灵，他的相貌——后来在她多本传记中，她这样描写邵洵美：

他的头发柔滑如丝，黑油油的，跟其他男人那一头硬毛刷不可同日而语。当他不笑不语时，那张象牙色的面孔是近乎完美的椭圆形。不过当你看到了那双眼睛，就会觉得那才是真的完美，顾盼之中，光彩照人。他的面孔近乎苍白，在那双飞翅似的美目下张扬。塑造云龙（洵美）面孔的那位雕塑家，一定施展出了他的绝技，他从高挺的鼻梁处起刀，然后在眼窝处轻轻一扫，就出来一副古埃及雕塑似的造型。下巴却是尖削出来的，一抹古拙的颊髭比照出嘴唇的柔软和嘴角的峭厉。下巴上那一撮小胡子，则好像是对青春少俊的一个俏皮嘲讽。静止不动时，这张面孔纯真得不可思议，不过，他很少静止不动。

特立独行的女人，她的行动有点疯狂

项美丽是个特立独行的女人，她的行动一向有点疯狂，这从她的人生经历中可以看出来，甚至从她随身携带的一只动物猿猴也可以看得出来。那只像猿又像猴的小动物据说跟了她七年，她一直将它放在胸前。有时候它会从纽扣间探出毛茸茸的脑袋来，把路人吓得一跳。盛佩玉的孩子们对小小的猿猴既怕又爱，但是孩子们还是喜欢和项美丽在一起，因为她是一个相当有趣的阿姨，和一般的阿姨完全不一样。

盛佩玉无法阻止邵洵美和她在一起，后来她只好默认，也可能是她习惯了接受了这件事。在那个时代的上海，在她那个大家族里，男人向来都是妻妾成群，邵洵美有了一个项美丽，实在不算什么大事。更何况他们都是作家，在一起从来都谈写作上的事，而且落落大方，并没有想象中的淫邪之语。当时邵洵美是上海文坛的一个中心，项美丽依托他，也进入了海派文化交际圈，为《纽约客》写了很多文章。邵洵美只要会文坛朋友，想方设法都要带上项美丽。本来才华横溢、长相俊美的邵洵美就够引人注目的了，现在又带上一个来自美国的漂亮才女项美丽，无论走到哪里都会引起小小的轰动。项美丽并不怎么开口说话，她微微的笑容，再加上随身携带的那只猿猴，使她立马成为众人目光的焦点。她

图66：初为人父的邵洵美。

图67：项美丽主办的杂志《自由谭》。

的猿猴不是一只两只，而是三只。先是养一只小的玩，后来又养一只陪它做伴。接着又养了一只长臂猿做家长——这位家长取名密尔斯先生。密尔斯本来是外滩一位洋大班，与项美丽是好朋友。不知怎么得罪了她，她就以他的名字来命名猿猴，大概是一种报复。可惜这位密尔斯不久病死了，项美丽难过了很久，与人说起来甚至潸然泪下，因为这位密尔斯实在太听话。真正的密尔斯先生听到传说后并不生气，对别人说："如果蜜姬要养我，我当然心甘情愿。"

"八一三"淞沪战争爆发后，上海沦为孤岛，邵洵美带着一家老小和项美丽躲进了租界，这时候项美丽完全成了邵家一员。邵洵美在《上海的一年》中写道："我们车子过了桥，时将近四点半了，有两个工友当时走散了，来不及和大家一起走。他们五点多钟出来，竟然被日本人用机关枪扫射了。他们幸亏都懂得赶快伏在地上，只有一个人的腿上受了伤。他们说当时射死的男女老少不止几十百千。不知那有三个小孩的一对夫妇会不会在里面？更不知那一对六七十岁提着小手巾包的老夫妇会不会在里面？"邵洵美的心情异常沉重，因为"八一三"一战，他的工厂全被炸成废墟，他成了一无所有的无产者。但是他没有害怕，反而激发起强烈的正义感，为安全起见，他用项美丽这位美国人的名字，重起两份杂志《自由谭》和《公正评论》。

不久，毛泽东在延安发表了《论持久战》，全面分析了中日战争所处的时代以及敌我双方的特点，引起很大反响。这份文件很快传到上海，中共地下党员杨刚迅速将其译成英文，以便在上海各界传播。杨刚是《自由谭》的作者，项美丽经邵洵美同意，将杨刚接到家里来翻译《论持久战》。并且亲自看稿，逐字逐句修正全文，然后首先在《公正评论》上分四次连载完毕，随后出版单行本。为了这个单行本，邵洵美通过杨刚与延安方面取得联系，毛泽东特地写来了一千多字的序言："抗战与外援的关系"，放在《论持久战》首位。杨刚还特地写了一篇

“译者序”，对邵洵美提供的帮助表示感谢。

在白色恐怖时期出版毛泽东的《论持久战》，无疑要冒着巨大的危险。《论持久战》在上海地下传播后，引起日本人的注意。终于有一天，两个日本人请项美丽“吃饭”，他们似乎早就不相信项美丽是《自由谭》的真正编辑，追问后台老板是谁？项美丽拒绝回答，日本人也猜到是邵洵美，但是苦于无证，最后勒令《自由谭》和《公正评论》停刊。

宋氏三姐妹，宋霭龄才是你的目标

项美丽又处于失业状态，要不要离开上海开始困扰着她。就在这时候，他的前男友、美国《内幕》杂志记者约翰·根室给她写来了一封信，说他要带着新婚太太来上海一游，希望能见到她。项美丽以为这只是一次很平常的会见，可她没想到，彻底改变她命运的这一天终于来到了。

那时候根室早已不是原来那个籍籍无名的小记者，他的一本大作《欧洲内幕》成为超级畅销书，使得他与总统罗斯福齐名。他的下一本书就是《亚洲内幕》，这次到访上海，就是为此书收集资料，作必要的采访。项美丽与他在上海见面，根室大吃一惊，从前那个美丽的令他着迷的女孩，现在变得骨瘦如柴。他当然不知道这是与邵洵美同吸鸦片的结果，他只是一厢情愿地认定她目前生活困顿，衣食无着。见面快要结束时，项美丽告诉根室，她在写一本美国女孩与中国先生热恋的小说。根室马上阻止她："这本书不会有人看，你现在急需成名，你为什么不写一写中国宋氏三姐妹的故事？在美国，不知道有多少人想看她们的故事，你一定要写，它会让你体会到成名的荣耀与快乐。"一句话提醒了项美丽，也让她跃跃欲试。可是一打听才知道，不知道有多少作家想写

68

图68：项美丽和宋氏三姐妹在一起。

宋氏三姐妹，但是三这个高傲的姐妹从来都对作家、记者敬而远之，让作家们无计可施。项美丽决定放弃这一计划，因为这个计划不可能取得成功。

两个月后的秋天，项美丽正在百无聊赖地和邵洵美闲聊，意外地收到一封美国来信，那是一封道勃雷迪与多拉出版公司的约稿信，信中还附有出版合约和一张五百美元的预付稿酬支票。原来，根室回到美国向合作的出版商介绍了美国作家项美丽的创作计划，出版公司很有兴趣，抢先向她约稿，愿意支付最高稿酬请她写宋氏三姐妹。项美丽被逼上梁山，只好背水一战。她分别给三姐妹写了三封信，无一例外均石沉大海。邵洵美提醒她说："我姨妈与大姐宋霭龄算得上至交，她在我们家做过家庭教师，从前天天来我们家教英文，后来有空也会来这里坐坐。中国人的习俗，一家子老大说了算，宋霭龄是三姐妹中的大姐。所以，宋氏三姐妹，大姐宋霭龄才是你的主要目标。"邵洵美为了项美丽的事业，马上就去找了姨妈。太太一听是项美丽的事，一口同意下来，但是要她耐心等待。

接下来事情久久没有眉目，就在项美丽有点失望时，她终于得到了宋霭龄的来信，要她去香港见她们。邵洵美带着项美丽来到香港，在宋霭龄家见到这位玲珑娇小的孔夫人和邵洵美的姨妈。原来，根室的那本《亚洲内幕》已经出版，并且写到了宋霭龄，将她描写成一个"邪恶诡谲的理财高手，走起路来像只母老虎，在家中房间里横冲直闯"。项美丽只好帮她曾经的同事说话："是他在上海和香港见到的那些人讲给他听的，他以为他看到了真相。我想，他不懂中国，不够谨慎，所以您才看到了刚才提到的那些歪曲。"宋霭龄声音颤抖地说："我妹妹蒋夫人比我更生气，而我，看到你的信，感觉到你想写出真正的宋氏姐妹，真正的。"项美丽说："我一定会写出一个真实的宋家三姐妹，你们也有责任向世人展示真实的你们，免得别人道听途说。如果你们不满意，我一定不会出版它，但你们也有责任配合我，我有我的写作要求。”宋霭龄说：“我知道，但他怎能这样道听途说呢？还写了这么多，还把它印出来。这是不对的，也是可恶的。我妹妹很生气，我们想，我一直不肯见人是否错了。我一直过着隐居生活，不喜欢人多的场合。这不，我受到惩罚了。我知道我有很多敌人，是的，我应当跟他们交锋，不该一味逃避。可我一直都害怕报纸和他们那套玩意，我的朋友——”她把一只手搭到邵洵美姨妈的手臂上：“她说你是一个善良的女子，非常诚实。我知道你在战争中帮了邵先生很多忙，他们一家人很感谢你。我相信你的判断力，我知道我可以信任你……”

项美丽从此留在香港，在香港与重庆之间飞来飞去，在霭龄、美龄、庆龄之间穿梭往来，与她们每一个人都成为好朋友，与她们相知相交无话不谈。当然，最好的姐姐仍然是宋霭龄。在她的帮助下，项美丽用了两年时间完成了《宋氏姐妹》，随后在美国出版，当即成为畅销书。项美丽也由此一举成名，随后出版了六本书，部部畅销。她名利双收，甚至找到了美满的爱情。

从香港来的傻帽英国大尉

这个男人就是被邵家仆人称为“从香港来的傻帽英国大尉”查尔斯·鲍克瑟，他和她第一次见面，就在上海，就在霞飞路1826号项美丽和邵洵美同居的被项美丽称为“绿银色的小屋”内。

那时候项美丽和邵洵美正在热恋，上海又是一个国际性的大都会，洋人特别多，两人商量办一份英文杂志，取名为《天下》，有放眼全球的意思。这份杂志只存活了半年时间，到太平洋战争爆发便停刊。当时驻守在香港的英国大尉鲍克瑟是《天下》的忠实读者与作者，他每期必读。读着读着，便开始投稿。他出身军人世家，一向热衷历史。在香港服役期间，就开始研究远东历史，撰写了几篇文稿投到《天下》发表。他注意到常在《天下》杂志上写书评的项美丽，被她的才情所陶醉。后来《天下》杂志移至香港，鲍克瑟来到编辑部向主编温源宁打听：“我喜欢项美丽的才智，她住在哪里？”温主编说：“她可了不起，她住在上海。可是，事实上，她跟我的朋友邵洵美正陷入一场疯狂的恋爱。你不知道，这真是很可悲的。”在鲍克瑟的一再要求下，他还是将项美丽的名片递给了鲍克瑟。

半个月后，鲍克瑟就出现在上海霞飞路。那天项美丽那幢“绿银色的小屋”内高朋满座，邵洵美丽正带着一帮人在楼上高谈阔论。就在这时候，鲍克瑟出现了。男仆迎上一番询问，得知是从香港来专程过来看望项美丽的，他拿着名片上楼去报告：“专程从香港来的，专程来的，我看他，就是一个从香港来的傻帽英国大尉。”项美丽盯着名片看了一眼，嫣然一笑：“让他等着。”几年以后，项美丽与鲍克瑟成了情人，鲍克瑟对项美丽回忆说：“我等了好一阵，我听见有下楼的声响，我当时正在浏览你的书架，我转身伸出手来道：‘啊，哈恩小姐吗？’可是赫然在前的却是一只大猴子，它头上戴着顶小红帽。显然，它不是我正等着的那一位。猴子窜到窗帘后面直瞪着我。我也很紧张，这时你下楼来了，你看上去相当得不修边幅——对不起，米奇，你当时就是那样，你那身衣服糟透了。而且你后面跟着位金发美女，她真的是漂亮之极。她坐到角落里，我说话时她一直在打量着我，让我好紧张。”

这是两个人初次相识，鲍克瑟带着暗恋与追慕前来，结果失望而归。当然，她和他都没有想到，这其实只是他们浪漫一生的开始。鲍克瑟回到香港后，很快结婚。三年之后，项美丽为了写《宋氏姐妹》来到香港，鲍克瑟得知后，立马赶来在香港最好的酒店设宴为项美丽和邵洵美接风。邵洵美开心地对项美丽说：“你看，这才是真正的英国绅士，有骑士风度，我们上海人是比不上的。”项美丽得知鲍克瑟已经结婚，马上向他表示祝贺。鲍克瑟没说什么，但酒过三巡之后，他露出醉态，抱着项美丽流下了泪：“一个人单身住在香港，结婚这种事总会发生的。你知道，我在这里待了四年，要么变成个绝望的醉鬼，要么结婚。现在我两件事都占全了。”项美丽说：“你喝多了。”鲍克瑟说：“你知道我现在的心情吗？我后悔，我很后悔结婚那么早，真的。我这一场婚姻，不会久长，我知道，我知道。”项美丽暗示他说：“他刚夸过你的英国绅士风度，你坐直了，表示出绅士风度来，好不好？”她站起来，离开了鲍克瑟。

项美丽孤身一人在香港，鲍克瑟的婚姻又出现裂痕，两个曾经暗恋过的人，此刻走到一起似乎是理所当然。一年后，当《宋氏姐妹》一书杀青时，项美丽与鲍克瑟的地下情也修成正果，她怀孕了。这件事要是公开，又将成为轰动香江的倾城之恋。项美丽十分焦虑，和鲍克瑟商量怎么办。鲍克瑟实在太爱项美丽，他让她冒险生下这个私生女。女儿在秘密地点生下来不到半个月，香港沦陷，鲍克瑟在战场上身负重伤成为战俘，好几年生死不知，项美丽带着女儿成为难民。他们的故事成了一部电影，一波三折，高潮迭起。项美丽之所以后来在美国成就大名，就是因为她的经历实在太丰富。

她的传奇好像一直没有完

鲍克瑟据说是在战场上拒捕，被打成重伤成为战俘，关进了香港“敌侨集中营”。他不知道，项美丽和他的女儿其实也关在这里。但是在两年多时间里，他们都不知道，当然也不可能见面。

项美丽是作家，虚构成为她生活的一部分。为了带着女儿早日走出集中营，她有时候承认自己是美国人，有时候又说自己嫁了外国人。当时负责审问她的是日本军官横山，他被项美丽丰富复杂的经历弄糊涂了，就像她有众多的名字一样，艾米丽·哈恩、项美丽、蜜姬，哪一个才是真实的她？这个个子不高的日本军官反反复复地问她同一个问题：“为何在上海嫁了个中国人？却又跑到香港跟一个英国人生了个私生子？”对这一问题，项美丽百般回避，她也实在没有办法回答。但是横山紧追不舍，她终于气急败坏，冲口而出：“因为我是个坏女孩。”横山先生的一句话犹如电击：“不，你不是坏女孩，你是好女孩，现在你可以回家了。”项美丽不敢相信，这太不可思议了。但是，她真的走出了集中营。后来她在传记中说：“一生行事的法则就是专往常人不去、也‘没人说别去’的地方走，向传统观念挑战，对大众认同的规则说不。按传统观念衡量，我是坏女孩。可是，为何跟我交往过的几乎

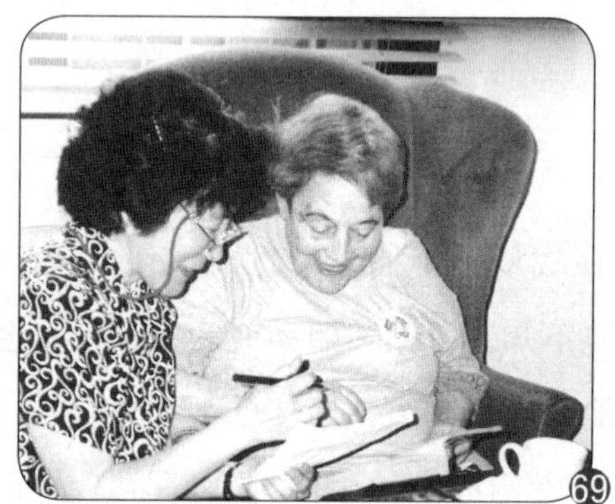

图69：晚年的项美丽在接受采访。

所有男人，包括被我甩掉和没有甩掉的情人，都跟那个日本军官横山一样，认为我是个好女孩呢？”她想不明白，也不再去想，重要的是历经一次又一次劫难，她再度逢凶化吉。她的精彩人生，又添上浓墨重彩的一笔。但是摆在面前的日子艰难又辛酸，得知鲍克瑟就关押在这所集中营里，她最后选择留在了香港，一边写作，一边照顾女儿。当然，她也想方设法每隔一段时间去看望鲍克瑟。终于等到了一九四三年年底，美日交换战俘，鲍克瑟和项美丽母女一同来到美国，定居纽约。两个人牵手走进婚姻的殿堂，项美丽又生下一个女儿。这时候她才结束了长达八年的远东流浪生涯，正式执笔开始写作。一部又一部远东传奇吸引了美国人的目光，她也趁势而上，成为全美最畅销的传奇女作家。

鲍克瑟后来对记者说：“她的传奇好像一直没有完。”又过了七年，国民政府中央文化复兴委员会主任委员陈果夫要创办农业电影制片厂，要邵洵美主持工作，并划拨一百万美元让他赴美购买电影器材。邵洵美来到美国，见到了旧日情人项美丽。当时的项美丽早已今非昔比，她每天准时离开家，开车到《纽约客》杂志为她提供的办公室专事写作。有情人相见自然少不了一番离愁别绪，鲍克瑟先生也参加了他们的会谈。当然，项美丽与邵洵美的故事早就一览无余地写在她的书中，她也从来不曾对鲍克瑟隐瞒过。现在，她将她与鲍克瑟的经历也一一告诉了邵洵美，三个人的交谈十分融洽。忽然，鲍克瑟先生一本正经地对邵洵美说：“邵先生，你这位太太我代为保管了好几年，现在，我应当奉还了。”邵洵美笑着回答：“我还没有安排好，还得请你继续再保管下去。”项美丽一听，笑得前仰后合。

后来，在项美丽出版的小说中，她这样描写男女主人翁的第一次相见，男主角的名字她直接用了邵洵美的名字“云龙”：

“我相信大家都很高兴见到教授大驾光临——”玛西娅在讲

台上大声道出开场白。玛西娅的声音打破了她的神思，多萝西于是正襟危坐，神色恍惚，试图让自己专心听讲。云龙也把注意力集中到讲台上，眉目中泛出几丝戏谑似的笑意。有意无意地，他时不时瞟一眼旁边那个外国女孩，但她已不再偷眼看他。于是他把他那双精致的手平放到膝上，像一个乖学生，一本正经，专心听讲。

项美丽在一九四六年与邵洵美分别后的六十年时间，一直都在从事写作。与邵洵美在一起共同生活了三年，她却花了六十年时间来写，足见用情之深。她的一生一共出版了八十本著作，却有十二本书写到邵洵美。在《潘先生》和《时与地》中，她以“潘海文”作为主人翁，那正是邵洵美在英文杂志发表文章用的笔名HeavenPen，译成中文，就是潘海文。而在《我的中国》中，她干脆以邵洵美的真名出现。

项美丽与鲍克瑟先生的婚姻长达五十二年，她活到一九九七年去世。这一年她九十二岁，正值香港回归。

第三章　书香门第

我又见到我曾经吻过的树枝，曾经坐过的草和躺过的花荫。我也曾经在泉水里洗过澡，山谷怀抱着我的第一次的歌声——

——邵洵美

凭空飞来了一块飞地

海上文坛出现徐志摩与邵洵美，完全不是偶然。上海滩上冒出徐志摩或邵洵美这样绅士家族，更不是偶然。一个全新的现代文明在东方分娩，上海就成了新生儿。东西方文化在此交媾，诞下一个健康的新生命，它从头到脚都是新的，令人惊喜，也令人激动。也可以说它是现代文明在中国的一块“飞地”，凭空飞来的一块“飞地”，如同神话中令人着迷的飞毯。

从开埠起，上海就是一个异数，它与中国几千年封建传统文化相悖，仅仅依靠黄河文明是无法孕育出上海这样的另类，这一点你单单从上海许多建筑风格上可以看得出来，那是完全有别于耳熟能详的民族风格，那是在平遥在徽州在苏州从来没有见过的式样：厚重的青石墙壁，带电梯的楼宇，西洋风格的厅堂、纹饰——外滩金陵东路那一条长达三四里的西洋建筑被称为万国建筑博览，它淋漓尽致地展现了十里洋场的繁华和东方大都会的魅力。这样的建筑依稀在海口武汉南京等滨江城市见过，但那是零星的片断的，聚合不了城市的底蕴。它们远没有上海这样集中、全面和蔚然成洋洋大观，成为一个城市的魅力与底气。在这里，不得不写下“通商口岸”这四个字，它的背景是《南京条约》。就

图70：老上海繁华摩登。

是一个又一个不平等条约，推开锈迹斑斑霉气重重的封建国门，让太平洋上温暖湿润的季候风浩浩荡荡地吹进来。没有这股强劲的东南风的吹荡，不可能看到一百多年来上海滩那华丽鲜妍的容颜。

开埠以前，外滩是一片荒芜的滩涂，上海滩一词就是这么得来的。若往上追寻，在七千五百年前，长江入海口远在镇江、扬州一带，苏南、苏北许多地区都在一片大海汪洋之中，四千年前，海岸线在上海嘉定、奉贤一带，一千年前，上海市区才从海洋中露出来，四百年前，浦东才慢慢从海中“长”出。开埠前芒草疯长芦苇丛生的外滩江边，有一条供船夫背纤的泥巴路，许多穷人用竹片在滩头上“挤螃蟹”，退潮后的江滩上布满杂物。一年之中，夏季是最热闹的，江岸边樯桅林立商船辐辏，比任何一处江岸都要繁华一点。因为在漫长的水运时代，长江是中国南部一条生命线，又因为依傍大海，这种襟江带海的特定优势是别的地方所没有的，它让外滩成了一块风水宝地。时间到了十九世纪中叶，西方资本主义文明已达鼎盛，它们迫切需要扩张，为资本增值也为日益膨胀弱肉强食的本性寻找出路，幅员辽阔的远东成为他们觊觎之地，上海就成了首选目标。一八三二年，英国一个叫礼士的间谍乔装打扮来到上海考察了两个星期，最后他在《船行报告书》中预言道：在不久的将来，黄浦江畔的滩涂上，将矗立起一座东方大都会——他的预言果然在几年后的鸦片战争中变成现实。西方列强强迫将上海列为通商口岸，纷纷抢滩登陆，英租界、法租界和美租界一一设立，租界的扩张带来市政建设的繁荣，一批又一批政客、商人、银行家、冒险家、文化人、娼妓乃至地痞流氓纷纷粉墨登场。昔日黄浦江畔泥巴路改成煤渣小道，继而于一八六二年建成一条宽阔的林荫大道，这是中国第一条现代意义上的城市道路，以马路一词命名，这是马路一词的开始。就在这条大马路边，洋行、旅馆、戏院拔地而起，昔日江滩成了股市暴涨人欲横流的“东方华尔街”。

说外滩是“东方华尔街”一点也不夸张，上海经济的第一轮繁荣就得益于银行金融业，这是西方文明的结晶，它一下子就复制粘贴到上海这片农耕的土地上。在当时的清王朝，垂帘听政的太后陶醉于泱泱国土，视洋人为野人；而一大批文人雅士热衷于烟斗雕花、瓶内描画，或干脆将女孩子好端端的脚缠成三寸金莲然后吟风弄月。那时候在《儒林外史》中，范进一直考到老年才中一举人，却又意外发疯；那时候在徽州大山里，女人死了男人家族长老将其锁在房中活活饿死只为守节，只为要在村口立一道牌坊再让皇上赐一块匾好光宗耀祖——那时候整个国家就像是一棵树，虽然还站立着，但它内里早已被蛀空，殖民者只是轻轻一推就推倒了，到后来连那个弹丸小国日本也起了侵吞之心。如果你这棵大树根深蒂固枝繁叶茂，他能推得倒吗？他来打你不是找死吗？他只会与你结交同盟，借你这棵大树好来纳凉。似乎是必然的，当西方列强借中国人敬神祭祖的火药轰开中国大门后，在一个又一个不平等条约中，现代西方文明全方位开始进入中国。仅仅在开埠时期的上海，各国银行不计其数，德国德华银行甚至将总部设在上海，连金融一向薄弱的沙俄也凑热闹来上海设立了华俄道胜银行。与金融相关的保险、证券业在上海也空前繁荣，轮船公司、百货公司、电影公司、汽车公司、自来水煤气公司、招商局、邮政局如雨后春笋，南京路、外滩大马路一再拓宽改造。那时上海就有分红式保险和助学式贷款，学生毕业后还贷，与现在无异。那时候，达官贵人就在百乐门跳舞、喝咖啡、听爵士乐通宵达旦，黎明时分才出来，印度仆役弯腰为其打开车门，人行道上有骑自行车的送奶工经过，环卫工人推着新颖漂亮的马路清扫机——

好像就在一夜之间，上海作为一个世界级的大都会迅速发育成熟。有了这个酵母，中国迎来了全新的也是风云激荡的民国时代。

霓虹闪烁，把长江三角洲全都照亮

上海的崛起搅动了整个封闭的旧中国，霓虹闪烁，把长江三角洲全照亮。全中国都在农耕的黑暗中昏睡，偶尔有一盏桐油灯、香油灯摇摇欲灭如鬼火。在黑暗中昏睡了五千年，中国人的这一觉太漫长了。但是他们最终在老上海的霓虹灯中醒过来，五光十色的霓虹灯，将上海照成不夜城。一入夜，五光十色的霓虹灯大放光彩，把上海滩装点成人间天堂。如果雨水再给霓虹灯抹上一层流动的色彩，那地上也流淌着斑斓的色彩，梦幻一样，令人着迷。据说在阮玲玉服毒的前两天，上海大明虹光电器公司承建的一座高四十尺的霓虹灯塔落成，塔顶有新生活徽章一枚，下面有两行大字在闪烁：实行新生活，革除坏习惯——新生活的开始就是用霓虹灯取代传统的布条幌子或木板店招。一九二九年，九岁的张爱玲随母亲来到上海，就进入了一个霓虹灯的世界。那时候霓虹灯有多少？看看霓虹灯工厂就知道，第一家是美商丽安电器公司，就在倍开尔路(今虹口惠民路)，是一家制造霓虹灯的工厂。此后一年间，上海霓虹灯厂家多达四十余家。十岁的张爱玲从姑姑家阳台上看过去，夜晚的上海滩是一片霓虹灯的海洋，灯光下的人们纸醉金迷醉生梦死。

一批又一批人来上海淘金，包括徐志摩的祖父徐星匏——这是一

图71：徐志摩家的老房子，看起来仍然新颖别致。

个精明过人的男人，先祖也是经商为业，家业传到徐星匏手里正逢上海大开发，而海宁又与上海接壤。徐星匏家族世代经商，手里不缺流动资金，抓住这个千载难逢的机遇，他开始了两步走：第一步，自己坐镇海宁老家，继续巩固祖传商业：人和布号、裕通钱庄、裕丰酱园——这是家业根基。从明代正德年间开始，祖辈们点点滴滴的累积，让这个略通文墨的商人勤勉踏实，从不曾有非分之想，却有着洞若观火的商业眼光，这便是他的第二步：让儿子徐申如前往上海，他要在那个冒险家的乐园里分一杯羹。徐家在海宁是老大，徐星匏还出任海宁商会会长。但是徐家商业不能总是在海宁原地踏步，它应该走出海宁，走向海上，到那个叫上海的地方再打下一片江山。

徐申如思想开放，头脑灵活，果然不孚众望，在十里洋场开办了票庄银号。又将上海商机及时引进海宁，创办了新式的蚕丝厂、布厂。全是从上海学来的新派时尚，他们都是上海滩大开发的受益者，这一点与邵洵美家族如出一辙。

邵洵美老家在浙江余姚，与徐志摩老家海宁隔杭州湾相望，是正宗的同乡。得海上风气之先，北方大户邵家在海上渐渐起家。与徐家世代经商不同，邵家一改昔日耕读传家的承传：做官，而且做的还是大名鼎鼎的上海道台，这与北宋年间那个沉迷在“安乐窝”中的邵家祖先康节先生的人生理想完全南辕北辙。康节先生自学成才，成为一个“象数学家”，把《易经》与道家思想结合起来，建立了自己的学术流派：百源学派。他能通过一个人的笔迹，洞察他的为人品性：“言，心声也。字，心画也。”而经过他辨认笔迹的人，无不叹服他句句在理与神机妙算。他的名气就这样慢慢传出去，一直传到朝廷。宋徽宗认定他是一个不可多得的人才，就多次派人来请他出山——他确实也住在山中，河南辉县苏门山一个叫百源的地方，百源学派就是以地名命名。面对皇上的封官加爵，心性高傲的康节先生视而不见，将他居住的百源更名为：安乐窝，取安贫乐道之意。“安乐窝”一名传到后世，被世人理解偏了，这自然与他无关。但是邵家却从此真的清贫下来，一贫如洗。康节先生去世后，到了明末清初，大批中原流民南下，邵家的一支迁居宁波、余姚等地，都是典型的庄稼汉，他们相中的是这里大片大片蓄满雨水的稻田。

一直到后来邵家出了一个进士邵灿，此人稳扎稳打，官至翰林院编修、漕运总督，邵家才慢慢显赫起来。邵灿的三子邵友濂，踩着父亲的肩膀由举人起家一步步登天，最终成为上海道台。

斜桥邵家，上海版的《红楼梦》

邵家从此成为海上的超级大户，定居在最繁华摩登的静安寺路。因为附近有一家外国人开办的娱乐中心：斜桥总会，这一带在上海人口中统称为斜桥。斜桥的豪门大户并非邵家一家，当时的清末邮传部尚书盛宣怀的盛家老公馆也在这里。另外李鸿章的五弟李凤章、湖州南浔巨贾刘锦藻也都毗邻而居。幽深的老宅、气派的豪门、别致的洋楼、古典的园林，斜桥四大家群对峙一百年，到后来都成为海上传奇，都成为上海版的《红楼梦》。

这样的海派传说遍布文史野史，四大家族间偶尔的反目或火并也是有的，但更多的是合伙与合作，表现之一就是通婚。不是你家儿子娶我家孙女，就是我家女儿嫁你家侄儿，你中有我，我中有你，一百年牵藤搭蔓扯下来，枝繁叶茂、蓊蓊郁郁一棵老榕树，家家都有内眷，户户都是亲戚，打断了胳膊连着筋，一家喊痛家家听了都难过。就拿道台邵家来说，邵友濂娶了三房妻妾，生下两儿一女。长子邵颐原配李氏，娶的是直隶总督兼北洋大臣李鸿章的大女儿李氏。但是两亲家最后成为两冤家：一八九四年甲午战争时，邵友濂与张荫桓赴日求和狼狈而归，日本方面点名要他的亲家李鸿章去。李鸿章对邵友濂说："我不想去日本，如果朝廷非逼我去不可，当亲家您也必得陪我去。”邵友濂当他的面拍胸脯：“我去过一次，深知日本人不好对付，但是前因后果我清楚，再次议和，非得我再去不成。”两亲家当时达成协议，如有需要，必定要一同赴日。可是最后李鸿章失信，瞒着邵友濂独自去了日本，又签订了一个《马关条约》回来，朝野上下痛骂李鸿章为卖国贼。邵友濂很快得知消息，不禁怒火中烧。正好李鸿章回到上海做寿，邵友濂不管三七二十一，冲到李府指着他的鼻子破口大骂：“你是人嘛？你还是中国人嘛？你失信于我邵友濂没关系，但是你胆大包天，竟然失信于泱泱大国，你就不怕你死后国人咒得你人死骨头烂？”邵友濂从此与李鸿章断绝来往，不幸的是，不久，李氏小姐也丢下唯一的女儿邵畹香魂归西天。邵颐续娶史氏之后，也死于恶疾。邵家一脉香火，就落在二儿子邵恒身上。

当时邵恒才七岁，哥哥一死，弟弟成为家中单根独苗，倍加宠爱。邵友濂早早给他定下娃娃亲，亲家也是斜桥盛家盛宣怀的四女儿盛樨蕙。十年后邵恒十七岁时，才与盛四小姐结为连理。十七岁的上海小开，家里有老夫人、嫂夫人还有自己的新婚太太，三位夫人围绕着他，另有一大帮丫环女佣侍候，万事不烦神，他成天只知道吃喝玩乐，出手阔绰一掷千金，被人称为“杨庆和小开”。杨庆和是邵家在上海著名银楼的名字，这片位于南京路五福弄堂口的银楼被称为“海上第一银楼”，拥有百万资本。但是邵恒作为邵家顶梁柱，多少年却从来不曾迈进这座银楼，说来也令人咋舌。他不知道一根金条能换多少担大米，更弄不清楚一块大洋能买多少大饼，但是关于四马路新来了哪位红牌美女，百乐门又流行什么迷人金曲他如数家珍。他的轿车牌照是2号，他和袁世凯长子袁克定是哥们，他的一生除了和他的岳父盛宣怀去了一次日本外，几乎以享乐为业。也就是家中那个大管家死活不肯放权，他也乐得做逍遥派。当然，这个大管家也不是别人，而是他的亲舅公。柴舅公不肯放权，而且还得到柴太夫人的支持，邵恒更不操心，他确实也操不上心，自出生起家中金银堆成了山，别说他这一辈子，就是子子孙孙祖祖辈辈怕也吃不完用不尽。他的人生目的只有两个字：花钱。但是邵恒对于邵家也不是没有一点贡献，起码，他为邵氏家族生下六儿一女。第一个儿子，就是后来上海滩上风云一时的大人物：邵洵美。

邵洵美后来写过一篇文章《我的三个祖父》，一个祖父是邵友濂，官至一品，后任上海道台、台湾巡抚。外祖父盛宣怀，朝廷邮政大臣。因为他从小过继给伯父邵颐，伯母为李鸿章大侄女，所以按谱系李鸿章又是他的叔外祖父。三位富可敌国的大家族支持在他身后，大少爷邵洵美顺理成章就成了《红楼梦》中的贾宝玉。

从花园菜园到府中学堂

徐申如虽然文化不高，但是他喜欢附庸风雅，徐家总少不了地方文人雅士的翩翩身影。徐志摩是他第二任爱妻生下的娇儿，从小聪明伶俐，他格外疼爱些。每当家中有风雅聚会，小志摩便被徐申如拉出来，当众让他背些古诗。才四五岁的志摩长得白净可爱，站在客厅倒背着手滚瓜烂熟地背诵那些长长的古诗文，众人一片称奇。徐申如此时越发得意，他的目的就是要告诉一众朋友：他徐申如不但生意做得好，才情也不可低估，瞧他们家小子，才这么大就是小才子的派头哩。

徐申如的爱慕风雅反映在居家理财上，徐家有一个偌大的后院，只是让佣人随便种了点菜。徐申如嫌一院子蔬菜看着俗气，就自己动手种花，但是却总也种不好。后来他得知有一个叫张家麟的人，会种花，还是一个说故事的能手，就出高薪把他从别人家“挖”过来。这一招倒真是做对了，后来徐志摩说：“父亲给了我真挚与善良，老花匠给了我聪慧与灵性。”他认定自己的灵性之光，全是这个老花匠开发的。

平时，老花匠张家麟默默无语，只是在后院忙碌着，他的心思全在那些从各地搜罗而来的花草上。由于精心栽培，一年四季徐家后院花开不断，那些新奇花草让一家老小看花了眼。从前没多少人进来的后园，

72

73

图72：在杭州府中学堂读书的徐志摩。

图73：少年徐志摩。

现在成了人们最爱去的地方。徐志摩就是这么被吸引着来到后园，成为一个花痴。夏天的午后，大人们都在午睡，他一个人来到后花园陪伴老花匠，央求他讲故事。张家麟真是一个神奇的人，谁也不知道他肚子里竟然藏着那么多无穷无尽的好故事，那些故事给徐志摩打开一道门，让他窥探到一个神奇无比的世界。张家麟还有另一个本事：会唱赞神歌。谁家请神许愿，就请他去唱歌赞美神祇。他那不起眼的粗嗓子，一旦唱起神歌来真是美极了，时而如浩荡长风，时而似月光如水。徐志摩听着听着，总在妈妈怀中安静地睡去。在他看来，张家麟唱的就是诗——诗与歌从来就是一对形影不离的姐妹，徐志摩后来拿起笔，耳畔就响起老花匠优美动人的赞神歌。和着这样的旋律与节拍，一首诗往往一挥而就。他成名后写过一篇小说《家德》，就是为了纪念这位花匠张家麟。

徐志摩就这样慢慢长大了，在私塾里接受了严格的国学熏陶，他迫切需要走出徐家的菜园花园，走到民国山河浩荡的大世界中去。一向开明的徐申如决定让少年徐志摩到杭州去，到最著名的府中学堂去。府中学堂是新式学校，不但在杭州市，就是在浙江省也是最好的学校，一般人根本进不去。徐申如得知姐夫蒋谨旃因为收养了沈姓家族的孩子沈叔薇，而和当时浙江省咨议局副议长沈钧儒沾上关系。徐申如决定自己出钱将沈叔薇与徐志摩一同送去读书。通过姐夫蒋谨旃，又经过沈钧儒帮忙，徐志摩如愿以偿地进入府中学堂，和郁达夫成了同班同学。

郁达夫是从嘉兴府中转来的，他一到班上就注意到活泼顽皮、才情逼人的徐志摩。但是他不会和徐志摩交往，他是一个内向的乡下少年，战战兢兢、诚惶诚恐，像只蜗牛，缩在重重的壳里面，与一表人才的徐志摩刚好恰恰相反。入学不久，教国文的张姓老师布置了一篇作文，徐志摩写了篇《论哥舒翰潼关之败》，引得老师一片叫好。张老师兴奋地在班上进行讲评，徐志摩红着一张脸，眼睛瞪得大大的，听着老师讲评，不得意，也不骄傲，给郁达夫留下了极其深刻的印象。张老师趁热打铁，劝徐志摩不要贪玩，把心思全用在写作上，将来会有很大的发展。但是老师的指点没起一点作用，爱玩爱闹是徐志摩的天性，不要他玩简直要了他的命。他从来不刻苦读书，大半时间花在玩乐上。杭州的风气又一向开明自由，徐志摩在这里如鱼得水。张老师见徐志摩对他的话充耳不闻，只得听天由命。这时候学校创办了一份校刊《友声》，张老师头天下午在班上说了一下，第二天徐志摩就交来一篇评论《论小说与社会关系》。张老师惊呆了，这样的文章根本不像出自中学生之手，然而千真万确又是中学生写出来的。此文在《友声》发表，立马引起轰动。第二期上又发表了他的《镭锭与地球之历史》，大家都赞叹徐志摩是神童。校长拿着杂志说："这个徐志摩，将来必定是校史上一个重量级的人物。"徐志摩后来的发展果真如此。

两万卷霉味扑鼻的诗书

邵洵美和徐志摩一样，从少年时就才情初露。有一件事在邵府口口相传，据说邵洵美过七岁生日那天，盛宣怀也来了，他总听女儿说小外孙才情过人，不知是做母亲的偏爱还是真实如此，今天见面他倒要考考看。盛宣怀将邵洵美叫到面前，几番对谈之后，果然发现小云龙（邵洵美乳名）无所不知，便出了一个对子：莺莺燕燕翠翠红红处处融融洽洽。邵洵美想了半天，脸红脖子粗，就是答不上来。为娘的也在一旁替他着急，盛宣怀笑着说："这个对小孩子来说确实难了点，我再来个简单点的。"谁知他刚想换一个，邵洵美就答了出来："雨雨风风花花叶叶年年暮暮朝朝。"盛宣怀大叫失色："真好，太好了，是桅名不虚传。看来，我这个孙子真是了不起，看来，将来盛家邵家风水全都在他身上。"

盛宣怀在家里一向一言九鼎，他的话无异金口玉言，他赞许谁，谁就得了无上宠幸。一夜之间，盛府邵家都把邵洵美捧上了天。他嘴上虽然不说，心里却得意极了，小小的年纪便以大才子眼光看人，越发起劲要摆出大才子架势，读个书写个字，家中上下三四个佣人老妈子侍候他。他也着实聪明，那么小，就开始在家独自办报，后来成为出版家，大概在小小的时候就有这样的梦想。也是当时环境熏陶，那时候上海开放，报纸杂志多得不计其数，家里也订了许多报纸。邵洵美有一天突发奇想，要办一份《家报》。每天从私塾里放学回家后，第一件事就是带领弟弟妹妹们编辑出版《家报》。他仿照日报的格式，把当天家里发生的趣事编写在32开的报纸上，然后再抄写三份，一份给老祖母，一份给母亲，另两份给当时住在家里的姑母。这几位母亲大人每天都有《家报》消遣，很开心，看过一笑，就丢到一边去。有位姑姑有心，收藏起一份，一直到一九四六年才想起来，翻拣出来给邵洵美看。看到三十年前的"报纸"，邵洵十分感慨，把上面刊登的一则"新闻"看了又看："小喜（邵洵美四弟邵云麒小名）阿妈（奶妈）昨天重一百二十斤，今天重一百三十斤。因为她将银洋二十五枚、双角子一百枚、单角子二百枚、铜元一千枚带在身上，以便随时逃难。"邵洵美看着大笑起来，那么小的时候自己就在家办报纸，长大了还真的吃上了这碗饭。

不过，邵洵美当时并不知道将来会走上这条路，只是凭着自己的兴趣。记得十七岁生日那天，过房的大伯母李氏叫他到房间里，递上一把钥匙："这是你过房爹书房的钥匙，他是位极顶聪明的文人，二十多岁时，就被人称为当时上海最漂亮的四大才子。可是天妒大才，他早早就走了，却留下两万多卷书。我是不读书的，但是我知道读书人爱的就是书，你是邵家盛家人见人夸的才子，将来必定要做成大事，这书由你来继承再合适不过。"

邵洵美郑重地从大伯母手中接过钥匙，来到封闭多年的邵家书房。打开那把锈迹斑斑的沉重铁锁，他倒吸了一口冷气，一股浓重的霉味扑面而来，封闭了三十多年了，那两万多本装在硕大樟木箱子的线装书，沉沉地安睡在厚重的灰尘和蛛网之间，像幽灵一样，就等待着他这位读书人的大驾光临。他后来终生从事写书、编书、印书这一职业，与这一房间让他继承的两万多本书有着天然的联系，这就是命中注定，他无法逃避。但是这一刻，这两万多本书让他害怕，也让他束手无策。李氏得知他进了书房，马上赶过来，对他说："这两万卷书都是他在杭州徽州等处收集的，共花掉五万余金，据说还有不少宋版本。"

两万多本书一直成为邵洵美的一块心病，他以为书封存了这么多年，恐怕早就被虫吃光了。小心翼翼地打开一只箱子，却发现书保存得非常完好，它们虽然装在箱子里，却用一层防潮的油纸包裹着，所有的书卷并没有霉烂。但是因为年深日久，实在需要晒一晒了。一直到他留学归来，住在静安寺路的家里，为写一篇文章要找一本书。但是遍寻无着，徐志摩提醒他说："你去找找你那两万本旧书，那里面肯定有。"邵洵美恍然大悟，决定去书库里寻找。但是所有的两万册藏书均没有目录，如果要找，非得一箱一箱翻查，那要花太多时间。当时正值七月，天气特别炎热，而他手头一时又没有别的事，他决定把四十只樟木箱子全部打开，就为了寻找那本书，同时正好也晒一晒书。

那个夏天是邵洵美最辛苦的一个夏天，四十只樟木箱，每箱五百本书，铺开来晾晒就摊了一地。还要将所有的书籍登记编号，真是一项庞大的工作。他戴了草帽，汗流浃背地在院子里晒书，老宅里所有的空地，包括天井和花园，白花花地晒满了他的线装书。书香伴着霉味幽幽弥漫，进进出出的人都忍不住赞叹："天哪，这么多书。"盛佩玉当时和他结了婚，看不过去，也过来帮他忙，或者替他打伞遮阳。许多佣人下午闲下来，也陆续上前帮忙。整整一个月忙下来，邵洵美晒得漆黑，但是所有的书全晒了一遍，而且也一一登记在册。他认定这两万本线装书落到他手里是他的缘分，他一生一世以出书为业也是命中注定的缘分。

第一大银楼，说倒就倒了

一九三五年冬天，上海滩最著名的银楼，被称为“第一大银楼”的邵家“杨庆和银楼”说倒了就倒了。此事在上海滩富人圈中引起一阵恐慌，无数客户将位于南京路五福弄口的大银楼围得水泄不通，很多人急得跳楼，有几位富太当场昏倒——因为他们的金银首饰私房钱全存在这里。但是发生这么大的一件事，邵府里几乎无人所知，太太小姐们该吃就吃该玩就玩，没人提起这件事，连花花公子邵洵美也不知道，你说这事有多奇怪。

其实说奇怪也不奇怪，因为第一大银楼在邵府，根本无人知道它是邵家的。当初邵老太爷去世后，邵家两房一直没有分家，所有的产业利润、出息或卖掉一宗产业的所得，向来是两家均分。然而邵颐去世，邵恒在接手家业时，却向大房里隐瞒了这个杨庆和银楼一项，他不费吹灰之力就把大银楼变成他私人的小金库，而且神不知鬼不觉。也难怪，邵家产业实在太多，向来老太爷不和女人们说这些事，他只是私下向儿子透露一些。虽说邵恒是私吞，但是哥哥既已去世，他和嫂子也没什么好说的。邵恒平时从来不去银楼问事，一切由舅舅打理。舅舅过世后，就交给经理人打理。经理一年到头只在正月初一准时出现在邵府，那是

图74：老上海著名的“杨庆和银楼”，被称为“上海第一银楼”。

新年第一天，邵家老小都尚未起床。邵恒早早起身，洗漱完毕泡着茶水端坐在客厅，专等经理出现。经理也总是准时出现，从来不会迟到。两人见面只有几句客套的寒暄，然后经理走到供奉着祖宗的牌位前拜上几拜，从包里掏出一只大红封袋，双手捧到供桌上，端端正正地放好，随即点头告辞。邵恒从不挽留他多坐一会儿，心里只惦记着那只大红封袋。经理一出大门，他马上将大红封袋打开，这里面便是第一大银楼一年的利润。天晓得一年的利润有多少，但是经理说多少就是多少，经理给多少就收多少，这大年初一发生在邵家的“例行公事”沿袭了很多年，邵家上下一直没有看出任何破绽。一直到了一九三五年，这大红封袋终于包不住火了——

这一年上海有位蒯太太家里急着用钱，一大早就到银楼来取钱，而且张口就提三万。这几年银楼很不景气，管理又混乱，经理等高层多年中饱私囊让银楼周转不灵，偌大的一个银楼，早上开门就是拿不出三万。经理也很着急，只得请蒯太太暂缓几天，两人商定三天后来取。但是三天后蒯太太来了仍然拿不到钱，经理将期限改为七天。眼看着七天就要到期，银楼仍然拿不出，经理像热锅上的蚂蚁，只好如实报告给邵恒，让他想办法。邵恒把难题推给邵洵美，邵洵美到处筹集资金。风声不知怎么就传出去，都说杨庆和银楼亏了本，客户纷纷前来提款。这一下银楼更是乱了方寸，邵恒不知道如何应对，只是躲在家里不出门，让邵洵美去应付。邵洵美一介书生，只会写诗，哪见过这场面。看到潮水一样涌来挤兑的客户，他完全应付不了，银楼立马关门。但是大批客户包围了银楼几天几夜不走，邵家聘请了著名的董律师前来处理。董律师一算，情况并不像他想象的那样糟，兑付所有的存款和利息，大概还有六万的余额。董律师这时候使了坏心眼，他并未将结果马上公布，而是在《申报》上故意发布公告，表明审查的结果不容乐观，建议大家将手中的银票拿到律师事务所来登记。客户们一旦来登记时，他就私下建议客户不如将银票三折卖给他的律师事务所，否则到时有可能血本无归。很多人一时把握不住，将手中银票卖给了他，当场拿现金走人。但是那位蒯太太却一直不肯露面，也不来兑换银票，给董律师留下一个谜团。董律师处理好“杨庆和银楼”倒闭案之后，马上从上海消失。得知所有的银票最终都如数全额兑付，那些将银票三折卖给董律师的客户气得破口大骂，但是此时再也无法找到那个既奸又诈的董律师。

时隔半年之后，邵畹香回家省亲，她来到邵洵美的房间里坐下，开口问：“第一大银楼的事，都结束了？”邵洵美叹了口气：“唉，别提大银楼了，关门了，还大银楼呢。”邵畹香说：“这个银楼我们都不知道，你也不知道？”邵洵美说：“我不管这些事的，我哪知道这是我们家的？”邵畹香说：“都怪那位蒯太太，她一开口就要提三万——你知道那位蒯太太是谁吗？”邵洵美说：“和你们家蒯光典同姓——”邵畹香突然说：“那位蒯太太其实正是我，我做梦也没有想到是我害了自己的家。”邵洵美一时目瞪口呆，停了一会，他说：“你不提，它也会倒的，不过是迟早的问题，它到了该倒的时候了。”邵洵美说到点子上，大银楼到了该倒的时候了，谁也挡不住。就如同邵家，在斜桥支撑了一百年，也到了该倒的时候了。

盛极而衰，接下去就是没落之路

邵家儿孙一个个从来都是娇生惯养、吃喝玩乐的主，眼看着坐吃山空，家里没有个顶梁柱，可把盛夫人急坏了。毕竟是女流之辈，愁眉苦脸几个月，也没想出好办法来。

这时候盛夫人娘家做了一件事：把昔日破旧的老宅子拆掉，造了两条新式里弄房，一共六十幢，全对外出租，一时财源滚滚。这让盛夫人起了心，决定仿照娘家的做法，拆掉老宅造新房，对外出租。她特地开了个家庭会，此案得到所有人的一致赞同。但是建新房需要一大笔支出，现如今邵家实力难以支付。盛夫人早想好了，决定将地产抵押出去。邵家当时有个过房亲——干爹马岩青，是上海公平洋行的买办。盛夫人把事情和他一说，他同意帮助，将邵家老宅这块地以九十六万两银子押给了公平洋行，留足建房款后，其余部分两房均分。自然，两房家眷也从各自居住多年的老宅里搬出来，各奔东西。

一年之后，新式里弄房子落成。因为地皮所限，只建了二十幢，并且只是两层楼的房子，租金和盛家没法比，勉强维持家里庞大的开销，根本筹不起钱来偿还银行贷款。这样利打利，利滚利，最后连起码的每月利息都付不出，如意算盘全打错，不但没赚到钱，反而被其拖累，眼看着就将被其拖垮，盛夫人急得直哭。邵恒把邵洵美叫回家，坐下来商议。

邵洵美满脑子只是他的杂志出版，对父亲的话东耳进西耳出。邵恒来火了，一声断喝："你到底听到没有？你这个败家子。"邵洵美也火了："我从来不当家，这个家是你一直在管，我即便花了点银子也是我户头上的钱财，我何时败了你们的银子？"邵恒气得直瞪眼："亏你还说出这样的话？你这些年出洋留学，在外交朋结友，你花起银子来淌水一样，你挣过几个钱回来？你花的全是祖宗的钱，你这个败家子。"他站起来要打儿子，被老夫人劝阻。一家人闹了一场，重新又坐下来商议。邵恒说："我起先考虑将邵家所有的房产出售还债，但是又一想，这是邵家的根啊——"盛夫人一听马上大哭："卖掉了就是异姓的了，在祖宗手里创业，在我手里卖掉那就是愧对列祖列宗，我们就是不肖子孙。我们，还是和公平洋行重新再谈一次。"事到如今，也只能如此，但是盛夫人也明白，洋人不是那么好说话的，既签了合同，那么一切就按合同来执行。她翻出那份合同，心里忐忑不安。

谈判结果果然不容乐观，因为当时房产抵押没有押足，公平洋行又出十万银元给邵家，算是悉数押足。但是使用、出租权归洋行，以十年以期限，到时邵家不能赎回，所有房产均归洋行所有。邵家虽然心痛如刀割，但是也没有任何办法。家里也不是凑不起这个钱，只是人心已散，而且邵洵美这一房一心一意想着是省出钱来办杂志搞出版，再不想在赎回房产上再贴上一笔重金，两房只好睁一眼眨一眼。偏偏在这时候，邵洵美的生母、继母相继辞世，大家族大操大办，花空了家中积蓄，更有点力不从心。邵洵美一条道走到黑，所有的钱财全用来投资出版，那是一个无底洞，根本看不到回收的希望。

很快，十年期限到了，邵家无人前去归还贷款。公平洋行公平交易，将所有的房产收归其有，大家族邵家这根主根完全断裂。剩余的产业，就是镇江两片当铺和老家余姚的田产。这部分田产归属邵恒名下的已全部卖光，只剩下长房长孙邵洵美名下的几千亩地，这是邵洵美的私产。而镇江的两家当铺仍归两房，看到二房家口多，生活不易，邵洵美和盛佩玉商量后决定，将镇江当铺全部赠送给二房，今后两店收益他们分文不取。大哥果然有大哥的样子，邵家上下刮目相看。但是对于邵家无可挽回的败落，写诗作文的邵洵美则没有一点办法。

穷穷穷，还有三担铜

几宗大的产业完全散失，但是“瘦死的骆驼比马大”，大家总是大家，“穷穷穷，还有三担铜”，一些零星小块的不动产还有不少，百足之虫死而不僵，邵家再穷何止三担铜呢？金银珠宝、古董字画，每个人手里都能找出一大把，够他们吃喝开销好几年的。但是再买田造屋，显然就比较难了，那不是小数目可以办到。邵洵美虽然出手仍然阔绰，但是无可奈何，他也开始了租房而居的日子。

最先居住在巨达籁路，一幢白色花园洋房，只在那里居住了几个月，邵洵美对友人说：“冬天便感到太冷，夏天又感觉太热。睡眠不舒服，文章写不出，连谈话都好像没有兴致。白天马路上车声人声又好像在你心上捶鼓，晚间狗叫猫叫以及邻居男女各种声音又好像在你心上打锣。再不搬出去，全家都要疯掉。”他很快在杨树浦找到一幢房子，就在他的时代印刷厂对面。但是一住进去很快就发现新居不如旧居：“东隔壁住了三个美国工头，都是没有家眷的单身汉子，每晚喝醉了酒就大声骂人。西隔壁住了一家俄罗斯人，男女老少多至二十七口人，人多声多，日夜不息，高谈低语一阵阵传来，让你无法安静。男的喜唱古典歌剧，引吭高歌时，叫你脑涨得简直要裂开来。女的好打孩子，一边打一边骂，噼里啪啦——”越搬越不如，邵洵美没法生活，这才发现，租房而居对他来说如同噩梦。他发狠花重金重新租房，一定要租好房子。这一次花了比过去三倍多的钱，在同一条路上找到一个花园洋房：徐园，是这条路上最阔气的住宅。他立马搬进去，关上黑铁大门，花园洋房安静得能听见花开的声音，邵洵美开心地笑起来。盛佩玉却不太开心：“房子好是好，这银子要砸进去多少？你从来都是大少爷一掷千金的派头，我们这样坐吃山空，将来怎么办？”邵洵美说：“你过你的太太日子好了，我们在老家不是还有几千亩田地吗？够你吃的。”盛佩玉也管不着了，照旧做着她的阔太太，脖子上戴着钻石项链，手上一只猫儿眼宝石戒，青灰中带米黄，在日光下散射出六条线，美得令人目眩神迷。

作为大家族的邵府虽然搬离了斜桥，并且日渐没落。但是邵家人在上海滩仍然过着奢侈的生活。邵恒早在盛夫人病重时，就在外面金屋藏娇有了外室，是个苏州美女吴沁梅。虽然是普通工人家庭的小家碧玉，却出落得高挑美艳。又是一位新式女子，游泳、骑马、跳舞、驾驶无所不能。邵恒在交际场合一眼就爱上了她，两人开始同居。现在邵家分了，盛夫人也走了，邵恒决定将吴沁梅扶正。可是此举却遭到邵家老小的一致反对，理由是吴沁梅是花国中人，邵家再怎么也是海上大家，不可能让他取代盛夫人之位。可是邵恒却不依不饶，和吴沁梅出双入对，公开生活在一起。众人一商议，派邵洵美去劝一劝邵恒，不要做得太过分，让晚辈子孙颜面尽失。

邵洵美认定他去了也没用，拖了一些天。那天盛佩玉又说起此事，邵洵美决定去谈一谈。他开着车子来到当时邵恒居住的海格路，刚刚在路旁泊好车，远远地就看到邵恒和吴沁梅两人一同过来。他们穿着球鞋球袜，手里拿着网球拍，好像刚刚打球回来，边说边笑，显得十分精神，看上去邵恒好像年轻了十岁。邵洵美大吃一惊，上前打招呼。吴沁梅知道是邵洵美，大大方方地和他握手，还说她读过他办的杂志，一边又背诵起他的诗句。邵洵美十分意外，父亲和母亲过了一生，何时如此时尚和年轻？这一切全都是这个吴沁梅小姐带给他的，也是爱情带给他的，怪不得他死活要跟她结婚了。既然他生活得如此幸福，为什么要活活拆散他们呢？他改变了主意，在这里吃了一顿饭，和这位吴沁梅小姐谈笑风生地说了一下午，然后才回家。家里七大姑八大姨都在等着他带回的消息，邵洵美说："他们两人很幸福，我们——就祝福他们吧。"女人们恼羞成怒，"派你去将父亲拖回来，你却要成全他们，你到底安的是什么心？"邵洵美将看到的听到的一说，众人慢慢地被他说服，认为他的话还是有道理，尽管不太情愿，但是，既然他们在一起生活得这么好，而且老夫人又不在了，那么，就成全他们吧。

徐氏固商贾之家，没有读书人

与邵府的大起大落相比，徐家虽然只能算小富之家，但是它是平稳的富足的内敛的，完全没有邵府那种暴发户式的张扬，这与两家起家方式密切相关。邵府是做官发家，来路不正，当然也来得容易，太容易了，所以纨绔子弟们也从来不懂得珍惜，一夜之间暴发起来，又一夜之间败落下去。徐家是小本生意起家，靠吃苦耐劳几世几代点点滴滴的积累，才有如今的富足。他们每一分钱都来之不易，都是苦心经营、精心算计的结果，所以他们很节俭，很珍惜。徐志摩说："徐氏固商贾之家，没有读书人。"这应该是他的自谦之词。

据《徐氏家谱》记载：徐氏"自周朝起世居汴梁，宋南渡时迁江南，六世孙讳彦明为嘉禾令，由姚江迁海盐的丰山里，是谓武原徐氏。彦明弟彦英迁平湖的大易乡，是谓当湖徐氏。彦明六世孙讳显迁黄道湖，是谓黄道湖徐氏。花巷里徐氏是其中的一支，再分衍出来而为硖石的徐氏。"即为徐志摩这一支，《徐氏家谱》中记载的徐志摩世系图，如下：

徐松亭—徐仰松—徐见松—徐相　字升玄

（一世）　（二世）　（三世）　（四世）

图75：少年徐志摩就一副小才子派头。

徐学相　字景—徐登鳌　字驾山

(五世)　　　　(六世)

徐文焕　字纯斋—徐世堂　字凤九

(七世)　　　　(八世)

徐开锦　字怀—徐宗泉　字廉墅

(九世)　　　　(十世)

徐明枢　字星匏—徐义　字申如

(十一世)　　　　(十二世)

徐章　字志摩—徐积锴　字如孙—徐善曾

(十三世)　　　　(十四世)　　　　(十五世)

徐志摩埋怨徐家没有读书人，这种自嘲是中国文人的通病。一般来说，民国时代的富裕之家，肯定就是诗礼之家，可能没有出过大家，在徐志摩眼里，那种乏乏读书的，不能算作读书人。其实，徐家和众多乡绅之家一样，徐家子弟人人都是读书人。他有个姑姑叫徐禄，毕业于杭州女校，酷爱《红楼梦》，说起《红楼梦》来如数家珍。虽然是徐志摩的姑姑，却只比他大一岁。只要徐志摩一回家，她便放下手中的绣花活，过来和他探讨《红楼梦》。但是徐志摩却不大理她，一个长年幽居在老宅里的姑娘，只在女校读过两年书，能谈什么《红楼梦》？他推说有事，就外出了。几年后徐志摩回家过年，又和徐禄相逢。当时徐禄手工绣花在峡石镇一带相当有名气，她还会做绣花鞋，每一双鞋子都精巧可爱。徐志摩看她把大好青春年华耗在这上面，不屑一顾，转身即离去。

徐志摩的态度让徐禄心如刀割，她大概也想让徐志摩见识见识，她并非他想象的不通文墨的乡下姑娘。就在正月十五时徐志摩即将离家的前夜，她在老宅后院里搞了一次猜灯谜灯会。灯笼下所有的灯谜全是她一人制作，全是抄录于《红楼梦》中，而且全用娟秀的小楷字抄就。猜灯谜的奖品就是从上海买来的奶糖。那次徐家前所未有的灯谜轰动了峡石小镇，徐禄也在峡石人面前展露了她的才情，她不但对《红楼梦》中的人物如数家珍，对书中所有的对联、谜语、诗词倒背如流。徐志摩参加了这个猜灯谜晚会，对徐禄刮目相看。虽然他才气冲天，但是在古典诗词这方面，远远不如长居小镇的这个只比他大一岁的姑妈。

徐禄的名声在峡石镇上传开后，也传到了十几里外的另一个古镇袁花。袁花镇上的大家查家托人来为他们家的儿子查枢卿提亲，徐家同意了。十九岁的徐禄在第二年冬天嫁到袁花镇上的查家，生下查良铿、查良镛、查良浩、查良栋、查良钰五个儿子。其中的查良镛就是后来武侠小说大家金庸，徐志摩是金庸的表哥。一九三二年，徐志摩英年早逝，骨灰运回到海宁峡石镇安葬时，徐禄带着刚刚会蹒跚走路的金庸前来吊唁。金庸长大后，从母亲那里得到了徐志摩出版的许多书籍，对这位表哥钦佩不已。他有一次问母亲："表哥青少年时是个什么样子？你知道吗？"徐禄说："怎么说呢？和你有点相像，是个书呆子。我生了五个儿子，只有你有点像他，也是个书呆子。只要有字的纸，他抓起来就看。这一点你们很相像。说到才情，他好像很高傲，比你要傲，稍微平庸一点的人，他是看都不看他一眼的。"查良镛点点头，不再言语。

查良镛自此心中就有了一个标高，这个标高就是他的表哥徐志摩。他后来发愤读书，在杭州的《东南日报》做编辑期间，大量阅读徐志摩的诗文，开始提笔创作小说。第一部小说《书剑恩仇录》中的那个出生于海宁的人物陈家洛，你怎么看怎么像海宁才子徐志摩。

大手大脚大脑袋的大七爷

熟悉徐志摩父亲的人都知道，徐申如和徐志摩一样，是个一表人才的富家子弟，据说长得大手大脚大脑袋大身子，因为在徐家族谱是排行老七，人称大七爷。

这个大七爷虽然生于富商之家，但是从小和徐志摩一样爱新鲜玩意儿，心事根本不在商业上。徐星匏不知说过他多少次，他就是积习不改。后来有一天，徐星匏突然双目失明，徐家老小感到天塌下来。将徐申如叫回来，徐申如也惊呆了，呆呆地陪父亲坐了两天。看着老泪纵横的父亲，他决定接过家族生意，承担起家庭重担。全家人没人相信他的话，隔壁邻居也不相信。徐申如也不狡辩，只是默默地做，一做就是一辈子，终于从徐家一个小小的酱园起步，将家族企业慢慢做大做强，最终把他自己做成全海宁首屈一指的大实业家，出任峡石商会会长三十余年，名副其实的峡石商业领军人物。

当然，做到这一点非常不易，与他早年一掷千金在杭州、上海结交的那些“狐朋狗友”都有着密切的关联。他笃信当时风行一时的“实业救国”的理想，不满足于祖传的小小酱园，但是他也始终没有放弃这条世家发脉的根。他将眼光投向上海，投向民国时代新兴的产业——

图76：徐志摩的父亲徐申如。

在这方面他与他的儿子徐志摩如出一辙。或者可以这么说，是他影响了儿子徐志摩。接手家族产业几年后，他就与人合资创办了硖石第一家钱庄——裕通钱庄。期间因为为人豪爽、热心公益，被推选为硖石商会副会长，浙江省咨议局议员。裕通钱庄开业后，生意兴隆。手中有了流动资金，徐申如一边创办传统商业人和绸布号、森大公木行，一边和沈佐宸、深叔英等人筹集资金三万元，创办了硖石电灯公司。这是当时浙江境内为数不多的几家火力发电厂之一，三年后建成发电，硖石开始有了电力，当然也同时有了电灯。电的出现拉开了海宁现代工业发展的帷幕，几年后，徐申如与徐蓉初、许文伯等人集资一百股，资本总额一万元，创立了商办捷利电话股份有限公司，购置旧磁石式电话交换机一部二百四十门，全镇范围内较大商号、机关、事业单位都安装了电话，并在街道主要位置设置公用电话。趁热打铁，他又兴建了双山丝厂，两年后正式投产，员工有三百余人，意式立缫车一百三十二台，率先走上机械缫丝的产业道路，生产效率和产品质量相比人工缫丝大大提高。对于慈善他也从来义不容辞，其母八十大寿时，收到各地亲朋呈送的丰厚礼金。家里并不缺少这笔钱，他决定拿出来做慈善，这样更有意义。和老母亲一说，老太太欣然同意。他拿着这笔钱创办了一家贫民习艺所，设棉织、藤竹两科，聘请技师两名，招收失业贫民八十名。一九三四年海宁遭受了罕见的旱灾，河床干裂，农作物全部枯死，灾民不得不全家出动成群结队向嘉善、平湖等地求乞。曾任海宁县长的顾达一组织成立旱灾赈济委员会，由顾达一任主席，徐申如任常务委员兼上海分会主任。

徐申如最得意的一件事，就是让沪杭铁路绕道经过硖石——对于硖石镇来说，一头联结上海，一头通向杭州的沪杭线不啻是一条生命线。而对于世代经商、勇于吃螃蟹的徐申如来说，沪杭线对于硖石的发展来说简直生死攸关。巧合的是，主持这条铁路勘测设计的，恰好就是他的本家侄孙徐骝良。徐申如说服侄子，将设计好的铁路线冒险改道，不但要经过硖石镇，而且还要贯穿海宁全境。可是硖石当地农民多年生活在封闭中，不明白现代文明的好处，反而处处抵制，认定沪杭线经过他们的祖坟会破坏风水，拒不迁移。闹出多起群殴事件，弄得徐申如焦头烂额，最后只得绕道而行，但是沪杭总算如愿以偿地经过了硖石镇。一条长长的铁路线，将封闭的硖石小镇与现代文明全线贯通，从此以后，他的爱子外出读书，可以很方便地坐着现代文明的产物火车来来去去。

徐申如另一件得意的事就是让儿子拜国内第一流大师梁启超做导师，当时徐志摩在北大，并未上课，只是随便选修了几样，等待着出洋留学。在上海，徐申如与儿媳妇张幼仪的哥哥张君劢谈到北大学者梁启超，徐申如眼睛发亮了："志摩要是能像你这样拜梁启超做导师，那就太好了。"看到徐申如殷切的目光，张君劢说："如果志摩有这个心，此事交给我好了。"徐申如说："那太好了。"他当即拿出一千块大洋交给张君劢："你回北京就带志摩去拜梁大师，这一千块大洋，就是见面礼。"张君劢也是大家子弟，出手阔绰，但是徐伯父这一千块实在太厚重了，他回家对妹妹张幼仪说："徐家真是舍得。"

徐申如一向"大手大脚"，但是却从来不曾出错牌。这一千块大洋的付出让他得到了丰厚的回报，徐家后来出了一个名满天下的大诗人，他改写了徐家地方乡绅的历史，也改写了中国诗歌史——

第四章　穷途末路

阴沉，黑暗，毒蛇似的蜿蜒，
生活逼成了一条甬道。
一度陷入，你只可向前，
手扪索着冷壁的粘潮。

——徐志摩

袖手旁观，不肯离开上海去海上

抗战胜利后，邵洵美重新开始恢复出版工作，感到应该还有像《论语》那样的杂志行世，决定将《论语》复刊。但不久接到任务去美国购买电影机器，就将这件事丢给了盛佩玉。

此时时代印刷厂已恢复，先前藏在租界里的那台影写版印刷机，一放八年却完好无损。盛佩玉指挥将机器运到原址，开工生产。隆隆机器声也预告了时代图书公司恢复运转。看到公司走上正轨，《论语》原班人马也纷至沓来，盛佩玉趁热打铁，于年底复刊《论语》。《论语》本来在读者中就影响广大，复刊后新招迭出，《病的专号》、《癖好专号》、《吃的专号》、《睡的专号》、《逃难专号》，在读者中引起一一强烈反响。杂志风行一时，甚至超过了过去，前后总共出版了一百七十七期，畅销十年，除抗战爆发外，从没有脱期一次，这在当时是极其罕见的，除《论语》外前所未有。它不但养活了自己，也养活了时代印刷厂和时代图书公司，一份小小的杂志竟有如此大的魔力，实在令人称奇。海上作家徐讦分析说："在这空气里，学者投稿，都脱去学究大衣。文人为文，亦没有艺术冠冕。大官来稿，暂时亦得放弃官僚架子。所以它就令人可亲，使人人敢于说话，使人人敢于写文，而说话的

图77：徐志摩与邵洵美共同的好友：胡适之。

人不会想由此可做国大代表，写文的人也不以此求流芳百世，因此《论语》就成为最自由的园地，我就是这样变成《论语》经常写稿的人。”

但是到了一九四九年，《论语》就走到尽头。一个红色时代像汹涌的江水滚滚而来，一九四九年春天，解放军陈兵百万渡江南进，国民党大员纷纷逃亡。邵洵美的许多朋友都往海外出逃，远的到美国、英国，近的到香港、台湾。他们经过上海，无一例外都邀请邵洵美一道走，别留在上海，邵洵美均没有答应。后来，国民党外交部长叶公超专程来到邵家，当年创办《新月》，他与邵洵美是老同事老朋友，关系非同一般。叶公超一进门，就将邵洵美拉到密室里：“不瞒你说，我替你想好了，我包了一条轮船，连同你的时代印刷厂和那台德国印刷机全部运到台湾。”邵洵美不好拒绝，只好说：“我想想，我一定好好想想。”但是他想了几天，没有了下文。

隔了几天，老朋友胡适也来了，他随身带着两件宝贝，一件是邵洵美替他买下的《脂砚斋甲戌抄阅再评石头记》，一件是家父的手稿。他给邵洵美带来了两张飞机票，劝他去台湾。邵洵美婉言谢绝了，他正满怀热诚，等待着一个伟大时代的到来。时代的脚步声越来越近，解放军第三野战军在陈毅率领下沿沪宁线迅速推进，上海的形势越来越紧张。这时候邵洵美突然得到命令：“经奉劝没去台湾的滞留者，要接受全面查抄——”邵洵美有点害怕，在夜晚将所有有关的书籍统统烧毁。当他翻到毛泽东为《论持久战》英译本所写的序言手稿时，愣住了。他知道这是最珍贵的手稿，犹豫了一番，最终还是将它投入到炉火里。

上海解放后没过几天，时任上海市委宣传部部长的夏衍来看望邵洵美，问到毛泽东手稿时，邵洵美说：“我几天前烧掉了，实在对不起。当时风闻要抄家，我怕引来杀身之祸。”夏衍连说可惜，邵洵美将家中唯一的一本英文版《论持久战》交给夏衍：“这是最后一本，给你做个纪念吧。”夏衍说：“这本你为什么要留下来？你不怕惹祸吗？”邵洵美说："也想过，但是它是英文，我估计他们不认识英文，所以，也是冒险将它保留了下来。"

中华人民共和国成立后，邵洵美仍然从事报刊出版工作，再次恢复了时代印刷厂，突击印刷了一批宣传马克思主义的著作，放在橱窗里展览，也对外出售。后来他印刷了第二国际人物考斯基、希法亭等人的著作，被认为是宣传右倾机会主义，受到了《人民日报》的强烈批评，半年后，时代书局便关了门。即使不出版这样的书，他的公司也无法再经营下去。邵洵美无奈，将那台国内第一台影印版印刷机卖掉了，卖给了新华印刷厂。后来《人民画报》正是用它来印刷了第一期画报。

换了人间，当然也换了面孔

一九五零年春天，邵洵美带着妻子和女儿乘车北上来到北京，在景山东大街一幢幽雅的平房内住下。来北京竟然租房住下，邵洵美是不想作短暂停留，他想留下来，留在北京谋求发展。这一年他才四十四岁，正值人生盛年。他当然不想就此收摊，来北京就是想再展宏图。

上海解放的这一年里，邵洵美一直在静心阅读，读《共产党宣言》、斯大林的《辩证唯物主义与历史唯物主义》，他努力要融入这个火红的时代，融入这个与老上海完全不同的时代。他似乎是明白了，其实却更糊涂了。但是再糊涂的人总得要吃饭，这个时代所有的生活资料都收归国有，与老上海有天地之别，连个人经商也不允许，像他这样的人，该怎么活下去呢？他着实有点恐慌。他从前帮助过那么多的文人作家，他们现在都当了大官高官，各行各业都有。他来北京名义上是访友，实际上也是谋职，老朋友都得过他的好处，不会不帮一帮他，凭他剑桥大学的高才生，才华横溢的诗人，从事文教工作应该绰绰有余。这就是他来京的目的，虽然被访友名义掩盖着，但是所访的友人也都心知肚明。出于过去的救助之恩，朋友们和他有限地来往了那么几次。一度，也曾高朋满座。但是很快，热闹的门庭便冷落下去。各位朋友都有工作在身，没有谁愿意来陪伴他。他渐渐地也失去耐心，他本来是来京一展抱负的，可是当局却没有挽留之意。据说北京大学曾有意聘请他来做教授，谈过几次，最后不了了之。半年下来，钱花了一大笔，最后却一事无成。他不善理财，明明现在只有出账没有进账，却不肯放低生活标准。女儿想吃上海糖果、糕点，就派专人回沪采购，一买就是几百元。如此滥花滥用，焉能不穷？加之水土不服、盘缠用尽，最后无奈，黯然回到上海。

空手而归让邵洵美伤心了许久，但是夏衍念及当年他的帮助，帮他联系，人民文学出版社上海分社聘请邵洵美为社外翻译，每月支付他80元稿费，后增加到120元。他留学剑桥，英文功底极好，翻译对他来说是手到即来的小事。只是这已不是原来的老上海，他无法选择，只能被动地接受。平时就在家从事翻译，间或参加少量的社会活动，这还是得益于建国初期相对较为清明的政治环境，比如上海市一些知识分子参加的座谈会，一般也会邀请他列席。陈毅市长在锦江饭店礼贤下士、作家协会传达毛主席在中共中央政治局扩大会议上的讲话《论十大关系》，他都参加了。但这只是所谓的政协活动，他是体制外的人，经历复杂、身份敏感，过去的老朋友走动越来越少，谁也不想沾上他引起不必要的麻烦。他也不想自找没趣，一个人就越来越寂寞孤独。一九五五年他五十生日时，在日记中写道：

我今年五十岁，忽发奇想，写了两句东西自寿。给寿彭兄看，他连连摇头，不忍卒读，因他极迷信，谈来浑身寒噤。给鹤皋兄看，他也摇头，说太消极。其实我十分积极，不知他何以误会我的意思。我又给孝鲁兄听，他听我读了后句前四字，接下去便把后面三个字唱出来，英雄所见略同耶？我又给几个人看，他们都无动于衷，使我大有“自鸣得意”之感。闲话休提，言归正传，却说那两句东西便是——

五十岁以前人等死，五十以后死等人。

这时候他意外收到一封信，是老朋友臧克家写来的，原来《诗刊》在北京创刊，臧克家邀请他写点东西。邵洵美高兴极了，虽然这份《诗刊》与他当年在老上海创办的《诗刊》同名，却和他没有一点关系。但是没关系，只要能谈一点与诗歌有关的事情，总是令他高兴的。他提笔写了一篇诗论《读了毛主席关于诗的一封信》，这是他建国后唯一的一篇诗论。当然，这时候他也很少有文字发表。事实上他从人民文学出版社上海分社从事社外翻译的时间也极短，有关人士只是用这个不算职业的“临时职业”打发了他。他的处境越来越艰难，他的生活自然也越来越窘迫。一九五八年国庆节之后，几个面目威严的警察竟然出现在他家门外，他被捕了。

糊里糊涂进了监狱

这时候盛佩玉长住南京，邵洵美与陈茵眉在一起生活多年，并育有四个子女邵子美、邵茵子、邵小龙、邵显，一家人住在广元路的云裳村，陈茵眉甚至还成了里弄小组长。这天她正通知各家各户到居委会开会，突然一个认识她的小女孩在半道上找到她："邵家姆妈，派出所里有人来捉邵家伯伯了，你快回家看看吧。"陈茵眉大吃一惊，慌不择路地跑回家，与派出所的警察迎面相遇。四五个警察之间，站着面色苍白的邵洵美，手里戴着锃亮的手铐。他看着陈茵眉，显得很镇定。陈茵眉也说不出话来，泪水却潸然而下。这时候邵洵美说："你不要急，事情弄得清楚的。"

邵洵美关进了上海南市第一看守所，一进去就连连提审，但是他根本不知道自己犯了什么错，将自己的历史交代了一遍又一遍。审讯人员板着脸斥责他："邵洵美，事到如今你还避重就轻，你太不老实了，你犯下的罪恶你自己最清楚。"一遍又一遍地提审，一遍又一遍地斥责，邵洵美也糊涂了，我到底犯下什么罪？夜晚他没法睡觉，把自己的经历慢慢捋了一遍，突然明白了什么：邵家老六邵云骧定居香港，得了哮喘病，写信来向他借钱治病。大哥哥十分喜爱这个小弟弟，接信后立

图78：邵洵美的狱友贾植芳。

马将自己最值钱的一张邮票“绿衣红姑娘”寄了去。过了两年，邵老六的哮喘病又犯了，再次借钱。这一次邵洵美无能为力，因为他自己也靠卖古董借债度日。但是想到老六这么艰难，他实在放心不下。从哪里弄钱呢？想来想去他想到了项美丽。项美丽在香港时，曾向他借过两千美元，一直未还。上次在美国相见，她的境况相当不错，现在应该更好一些，何不写信给项美丽，要回那笔钱，让她寄给香港的六弟？他正愁着没法从国内寄信，老朋友叶灵凤从香港回来看望他。邵洵美喜出望外，托叶灵凤将这封信带到香港寄出，叶灵凤却从此再无消息。联想到项美丽的先生鲍克瑟曾任远东情报机构负责人，邵洵美有些后怕起来，也许那封信落入某个组织手里，要不然，好好的统战对象，怎么在一夜之间就成为专政对象？事到如今，隐瞒没有任何好处，到下一次审讯时，他如实交代了这件事的来龙去脉。审讯人员果然平静下来，不再提审他，也没有对他进行处理，就这么一直搁置下来。

在监狱关押了两年之后，他被调到另一个监房。与他同进这个监房的，是一个破衣烂衫的犯人，好像有些面熟。他想近距离看一看，那个犯人始终将脑袋缩进破棉袄里，闭着眼睛，不肯看他一眼。一直等到放风时，他才睁开眼，邵洵美认出他来了，他是复旦大学教授贾植芳。邵洵美脱口而出：“是你呀？我们在一起吃过大闸蟹的，你忘了吗？”贾植芳看了看他，似是而非地点点头，不再说话。晚上，邵洵美借口要写交代材料，要了纸和笔。等管理员一走，他便在纸上奋笔疾书，写了一首诗《狱中遇甄兄有感》，写完了递给贾植芳。贾植芳一看，露出难得的笑容，随即将纸撕碎，丢进了下水道。

两位昔日的老友如今狱中相逢，那份情谊非常人所能理解，所谓“人间十年不及狱中十天”。生死之交常发生在狱友之间，更何况这对狱友曾经还是好友，邵洵美与贾植芳在一起无话不谈。不久，邵洵美也得了哮喘病，整夜整夜呼吸困难，听起来就如同拉风箱。贾植芳也没办法帮他，向管理员提出帮他治病，管理员口头答应了，却没了下文。半个月之后，邵洵美躺在地铺上，瘦得只剩下一个躯壳，长长的灰白的头发如同乱草，与当年上海滩那个风流浪漫的海归诗人有天地之差。贾植芳也没办法，每天只好帮他打点米汤，用勺子一勺一勺地喂他。过了几天，他连这点事也做不成了，因为他将调到另一个监房去。他向邵洵美告别，邵洵美气若游丝："我可能走不出这个监狱了，事到如今，我也不怕死，怕也没有用处。但我有一个心结，今天拜托你出狱后帮我澄清一下。"贾植芳说："你说吧。"邵洵美说："一九三三年，我是世界笔会中国分会秘书长，负责接待大文豪萧伯纳，在功德林吃了一餐素斋饭。事后报道中提到了宋庆龄、鲁迅的名字，却没有提到我的名字，这个不符合史实。中国分会只是一个空架子，没钱，那顿饭钱也是我出的，鲁迅还是我开车送回家，你有机会要帮我澄清这个事实。另外，鲁迅在《准风月谈》里有一篇'各种捐班'，说'捐做文学家也用不着什么新花样，只要开一只书店，拉几个作家，雇一些帮闲，出一种小报，今天天气好是也须会说，就写了出来，印了上去，交给报贩，不消一年半载，包管成功——'，这是说我呢，我是诗人、作家、翻译家，我所有的文字都是自己写出来的，你要帮我说个清楚。了此两事，死亦瞑目。"

贾植芳看着不成人样的邵洵美，点头答应了他。

拖着一条“帝特嫌疑”的尾巴

邵洵美却没有死，一年后的清明节，他拖着一条“帝特嫌疑”的尾巴出狱了。监狱事先通知了在南京的盛佩玉，盛佩玉马上赶回来，还带了几口南京鸭肫。

出现在盛佩玉眼里的邵洵美完全就是一个老人，一个苍老病态的老人。他的头发全白了，瘦弱不堪，脚上趿着个硬塑料鞋，脚后跟都踩坏了，走路也歪歪倒倒的。盛佩玉泪水滚滚而下，忙上前搀扶着邵洵美，将他扶到三轮车上。从前邵洵美可全是坐好车的，现在，只能坐这辆锈迹斑斑的三轮车。下车时盛佩玉扶着他小心翼翼地走，可是她发现，即便一个人扶着他他也走不起来，并且眼看着就要瘫倒在地。盛佩玉惊叫起来，幸好三轮车车夫好心肠，弯下腰背着他进了门。他身上什么也没带，就是两件烂得不能穿的破衣裳。盛佩玉要扔掉，邵洵美拦住她，从衣服口袋里掏了半天，掏出一只耳挖子，是他在监狱劳动时用竹片磨成的。

这时候盛佩玉的处境也很艰难，身弱多病，生活无着，就靠女儿邵绡红照顾。可她还是将邵洵美接回家，煮了一锅稀粥，拿出那几只鸭肫蒸上。吃饭时，邵洵美夹了一片鸭肫，闻着，满眼放光，喃喃地说：

“真是好东西啊。”他似乎不舍得马上吃下，闻了又闻。盛佩玉看着，泪水又流下来，食遍山珍海味的邵洵美，家中金银成堆的邵洵美，现在困顿到了这种地步。应该将陈茵眉请回来照顾邵洵美，因为她自己现在的身体也相当糟糕。这与邵洵美的想法不谋而合，两人商议之后，邵洵美提笔给远在江苏溧阳乡下的陈茵眉写信，告诉她他出狱了，希望她带着孩子回上海。

陈茵眉老家在江苏溧阳，早年她是邵府老夫人身边的一个丫头。邵洵美看她聪明伶俐，十分喜欢。老夫人也看出他的心思，就将丫头送给他，专门侍候他。没多长时间，邵洵美与她就有了鱼水之欢。盛佩玉不以为意，她在大家庭长大，这样的事情司空见惯。按当时上海大家族的习惯，丈夫娶了小妾，大太太要给见面礼的。盛佩玉丝毫也不马虎，在陈茵眉磕头之际，她拿出早就准备好的两只玉镯递给她。邵洵美收了陈茵眉做外室，又送她到学校读书。紧接着，孩子就一个接一个出生。后来邵洵美入狱之后，陈茵眉生活无着，只好带着四个孩子和盛佩玉住到一起。仅仅生活了两个月，居委会就来人通知，动员邵氏家属去甘肃落户。如果不去，则遣返原籍。盛佩玉当时在里弄当小组长，又兼任徐汇区淮二居委会卫生主任，工作上踏实肯干有了成绩，作为爱国卫生积极分子她得了奖，奖品是一只搪瓷杯，第二年又得了“除七害卫生积极分子”奖，邵洵美为她高兴：“在新中国，你是我们家第一个得奖者。”盛佩玉要离开上海，只能去南京投靠女儿邵绡红。陈茵眉四个孩子都很小，拖儿带女去甘肃，肯定没法活下去，最后的选择是回老家。盛佩玉和陈茵眉离开上海那几天，大雨倾盆，马路上积水盈膝。盛佩玉天天风里来雨里去，跑旧货店、回收站，能卖的全卖了，不能卖的也丢掉。邵洵美的两只大书橱高及房顶，是大柳桉木书橱，从前摆满了他出版的那些书，现在完全没有用场，也没人要。一般小门小户，根本摆不下那一排大书橱。最后被一家工厂食堂看中，说可以作碗架子，给了五十元。

其他的如灯罩、镜子、毛巾架、灶头等，都送给了附近老邻居。当时她只想快刀斩乱麻，快快了结这件事，离开上海，再不要回来。

陈茵眉回到乡下，与父母亲同住，苦苦等待邵洵美出狱。可乡下的日子那么难熬，最后实在没办法过下去，她只身回到上海帮佣，住在江浦路。接到乡下转来的信件，她喜出望外，当即赶来见邵洵美。她想象邵洵美一定折磨得不成人样了，可是她手头也没有钱，只好在同样做帮佣的同乡那里赊来几只鸡和几十个鸡蛋，天黑时分赶来见邵洵美。

邵洵美屋子里空空荡荡的，就一张床、一张沙发而已。陈茵眉赶到时，盛佩玉和邵洵美正在吃饭，连桌子也没有，几碗小菜就放在窗台上。陈茵眉一看到邵洵美，眼泪马上流下来，因为邵洵美瘦得不成人样，她差点没认出他来。

盛佩玉在上海待了几天，便将一切丢给陈茵眉，又回到南京。邵洵美说："你去乡下把几个小孩子都接来吧，他们在乡下，也活活苦死了。"陈茵眉一听，又痛哭失声，她问起家里的家具，邵洵美说："没钱过日子，都被他们卖掉了。"陈茵眉坐着没动，四个小孩子接来，这没有收入，如何生活下去？邵洵美看出了她的心思，说："我来想想办法。"

邵洵美取出仅存的一枚飞机图样邮票和三枚大龙蓝黑样邮票，给他的儿子邵祖丞，让他卖了两百块钱，置办了一些简陋家当，让陈茵眉接回了孩子，家里才有了一点活气。这时候，陆续有一些老朋友来看望他，包括老朋友陆小曼。当年徐志摩认邵祖丞为干儿子，这些年来，祖丞也一直认陆小曼为干娘。邵洵美入狱后，陆小曼找到陈茵眉，向她打听情况，却没有办法解救。徐志摩去世这二十多年，两家人一直在走动，亲密无间。陆小曼请邵洵美吃了一顿饭，这让邵洵美一直过意不去，过去大包大揽招待人成了习惯，现在被别人同情，他仍然无法接受，和陈茵眉商量着要回请陆小曼。但是家里已揭不开锅，邮票也卖光了，再无值钱的东西。他在抽屉里东翻西找，最后发现一枚吴昌硕亲刻的白色寿山石印章，上有“姚江邵氏图书珍藏”字样，是原来家里藏书室用的，但是因为是吴昌硕的印，应该能值几个钱。邵洵美将印章拿去卖了十块钱，那时候经过陈茵眉的细心照顾，他比刚出狱时恢复了不少。他穿上中山装，穿上黑布鞋，再到木匠铺子里找了些刨木花，泡成水将稀薄的白头发梳拢梳拢。大概想从与陆小曼的约会中，找回一些昔日海派绅士的浪漫与风流。陆小曼一看，就知道他用了刨花水，取笑他：“云龙啊云龙，都什么辰光啦，你还要这样臭美？”邵洵美说：“我这并没有花一分钱，就剩下这点习惯，嫂子，你不要再挖苦我。”

红颜知己成红颜祸水

徐志摩去世后，陆小曼不乏追求者，据说连宋美龄最小的六弟宋子安也托人捎话给陆小曼，请她吃饭。搭扯上宋子安自然会锦衣玉食，但是陆小曼拒绝了。随着徐志摩的飞机失事，她在社会上恶名昭著，已经由红颜知己变成红颜祸水，这让她生不如死。但是她不怨天，不尤人，甚至也不辩解，只是洗心革面，素衣玄服，不再出入社交场所，慢慢淡出交际圈，希望被所有的人遗忘。只是，所有的人可以遗忘她，有一个人却再也忘不了，这个人就是王赓。

王赓与陆小曼分手后参加北伐战争，担任第四集团军炮兵司令、铁甲车司令。北伐成功后，他担任国民政府淮北盐务缉私局局长。一九三零年，财政部长宋子文组建税警团时，对将领的选择更青睐于有留美学力的俊才，王赓文武双全，是最佳人选，被委任为总团长。团部原驻安徽蚌埠，后移师上海。这一年春节后，日军搜查公共租界，意外将王赓抓获。次日，上海市政府向南京政府外交部报告说："王赓因事路经黄浦路，为日方海军士兵追捕，该旅长避入礼查饭店，后为工部局巡捕帮同扭送捕房，由捕头交与日方带去自由处置。"日方指控王赓是间谍，南京政府指示上海市政府与日本方面交涉，并请在沪的各国领事斡旋。

图79：痴情陆小曼一生的男人：翁瑞午。

图80：陆小曼与翁瑞午在一起。

在上海市政府强烈抗议下，王赓被释放。

很多人都奇怪，在两国交战的关键时刻，王赓离开战区，独自到租界里干什么？后来史料证明，王赓其实是去看望他的前妻陆小曼。失去了徐志摩的小曼正处于悲伤之中。王赓与陆小曼同处一城，去看望和安慰也是人之常情。他多次向陆小曼提出破镜重圆，陆小曼拒绝了他，她不能一错再错。

王赓私会陆小曼却不被军部认同，他们认定王赓有出卖军事秘密嫌疑，解除了他的军职，并移交军政部军法司关押。一番审讯后以泄密罪判处有期徒刑二年零六个月。牢狱之灾让王赓患上严重的肾病，出狱后退出军界，在南京铁道部任职并结婚生子。后来旧病复发，英年早逝。陆小曼婉拒他是对的，好马不吃回头草，更何况，那时候她早已和翁瑞午在一起。

翁瑞午是光绪皇帝的老师翁同龢之孙，喜欢穿飘逸的长衫，酷爱昆曲，颇得梅兰芳的欣赏。徐志摩曾同陆小曼合演过《三堂会审》，徐志摩与陆小曼分演男女主角，翁瑞午反串小生演王金龙，他唱念做俱佳，而且举止优雅，深得陆小曼喜欢。男人必要有个良好的身世才能优雅，翁瑞午的家世背景是徐志摩无法比拟的，因此他有理由比徐志摩活得更从容、更优雅。那时候徐志摩到处兼课，一月要挣三万元才得满足陆小曼的开销。而翁瑞午则是悠闲的，光祖上留下的古董字画就够他花一辈子。所以琴棋书画、结交名人雅士成了他一生的事业。一次昆曲表演完毕，他自然地拿起衣服替小曼披上。得知小曼身体不好，经常腰酸背痛，而他恰恰会一手绝妙的推拿，还是“一指禅”推拿的传人，便主动上门为陆小曼服务。翁瑞午见多识广、知识丰富，说起话来又妙趣横生。陆小曼身心愉悦，病痛得到缓解，慢慢地竟好了，连徐志摩对翁瑞午也十分感激。

徐志摩的死给了翁瑞午一个千载难逢的机会，他虽有妻室，但不惧内，悠然自得地周旋在妻子与小曼之间。他与原配也极有感情，妻子日日照看着家里五个孩子，连戏衣都帮他洗净晾好。她也知道他与陆小曼相好，却从不过多地干涉他，而翁瑞午也很好地把握分寸，但是后来发生的一件事促使他与陆小曼公开同居。据说是徐志摩去世不久后的某天，翁瑞午安慰陆小曼一直到凌晨两点，太晚了，他不想回家。就提出在烟榻上睡一晚，陆小曼同意了。从此一到晚间，陆小曼就独上三楼，把二楼的烟榻留给翁瑞午。那时候每月徐申如还会叫人给陆小曼送来三百块大洋。但是有一次送来，却附上一纸短信：

翁君已与你同居，下月便停止了。

陆小曼将短信拿给翁瑞午看，翁瑞午火冒三丈，当晚便搬到三楼与陆小曼同床共眠。后来才知道，原来徐家买通弄堂口门房，监视着陆小曼的一举一动，这一招却促使翁瑞午与陆小曼更快地走到一起。

感情与爱情不一样

陆小曼在徐志摩去世之后，完全依赖翁瑞午为生，一黑（鸦片）一白（大烟）也全由翁瑞午供给。加之病痛时，还有翁瑞午有效的推拿，她怎么可能不依赖翁瑞午，最后把自己也交付给他？

翁瑞午确实了解女人，也明白该怎么对待自己喜欢的女人。如果只是着急着占有，他肯定得不到陆小曼，哪怕他再有钱。他是一个多情的男人，也是一个细腻的男人，他出生名门，少年时便混迹烟花柳巷，对女人的心思摸得透透的。当时徐志摩去世，小曼自责悲伤，又在舆论旋涡里打转，活得非常艰难。翁瑞午陪她去杭州散心，他带了长女邀了朋友与小曼一起游西湖，游西湖畔翁家山，那是他家的山。不是俩人同游，而且有多位好友在一起，让小曼没有任何压力。小曼是朵交际花，天生需要有人供养，翁瑞午包了她所有的花销。男女之间，依赖长久，很难不发生感情。哪怕这种感情并不是爱情，但是小曼与翁瑞午之间，如同彼此的亲人。时间越长，越离不开彼此。后来胡适向陆小曼发出警告，如果不离开翁瑞午就和她绝了来往，陆小曼也不理会。王映霞也劝过小曼，为了名誉离开翁瑞午，她根本不听。她不是不听，也不是不知道，只是现在她的身与心都离不开翁瑞午。

好脾气的翁瑞午让陆小曼怎么舍得离开？每逢与小曼在一起，他总是殷勤伺候，最常说的词是：“我来，我来。”陆小曼长年吃鸦片，肠胃不好，翁瑞午就给她买来蜂蜜，帮助肠胃蠕动。蜂蜜很贵，翁瑞午却一次给小曼买很多。小曼吃了鸦片，将蜂蜜注入针筒，再吸食掉。比吃蜂蜜更过分的事是，陆小曼不喜欢喝牛奶，而喜欢喝吃人奶，翁瑞午就给她请来个奶妈。这些徐志摩也无法做到，纵然他再娇惯陆小曼，经济上也是不允许。比这更可贵的是，翁瑞午在陆小曼失去美色之后，仍然能一如既往地陪伴在她的身边。

美人如花，红颜易老，陆小曼年龄大了之后，已经不好看。因为吃鸦片的缘故，她的身体越发不好，牙齿全部脱落，牙龈都是黑的，脸色泛青，头发蓬乱，大半时间缠绵病榻。翁瑞午待她依然如故，问茶问水，供小曼医药饮食。上世纪六十年代左右，物质奇缺的那几年，为了一包烟，一块肉，翁瑞午都想尽办法弄到手，送给陆小曼。至于香港亲戚寄来的副食品，十分之九也都给了陆小曼。

陆小曼的一生，活色生香，林徽因是不能及的。林徽因与陆小曼一样，都有优秀的男人宠着爱着。不同的是林徽因纠结的性格让她无法享受到男人的呵护娇宠，而陆小曼可谓享受到所有男人对她至情至性的爱。很多年后，陆小曼说：“我对翁瑞午没有爱情，只有感情，感情与爱情不一样。”陆小曼说得对，毕竟是久经情场的人，她明白感情和爱情是不一样的。它们确实不一样，感情比爱情更长久一些。爱情是激情的、热烈的，如果这样的激烈不能转化成一种平静，两个人在一起很难将平庸家常的日子打发下去。陆小曼与徐志摩还没有从激情转化成一种彼此可接受的平淡，他们时而激情相爱，时而又暴怒争吵。但是陆小曼却不给翁瑞午任何压力，也不能给。他们没有婚姻约束，自然不能要求对方太多。更何况翁瑞午的经济要比徐志摩好得多，所以他不会捉襟见肘。徐志摩不及翁瑞午的地方还有另外一个原因，陆小曼在翁瑞午的心里最重，是唯一，而且还是数十年如一日地痴情暗恋。而徐志摩则不同，他爱陆小曼不假，但谁都知道，他心里还装着一个林徽因。与陆小曼交往是为了忘记林徽因给他带来的伤痛，投入小曼的感情也是为了让自己在情场重生。这样的感情风平浪静还好，一旦发生纠纷，心底沉睡的那个人就会重新复苏。他与小曼大吵一架转身离去，就是为了参加林徽因的演讲。没想到这个浪漫的诗人竟然就死于这次飞机事故，这也许就是天意，天意让这个天才诗人早殇，给民国文坛留下一个绝响。

夜半虚前席，新鬼多故人

终于牵牵绊绊到了一九四九年。翁瑞午卖光了古董老货，开始贫病交加。陆小曼境况比他略好一点，成为文史馆馆员，虽是个虚职，但每月至少有几十块钱可拿，让她有了最低生活保障。后来又成为农工民主党徐汇区支部委员，还被上海画院吸收为画师和上海市人民政府参事室参事，这大概也与徐志摩的老朋友胡适有关。

一九六零年前后，从海外传来消息，胡适在台湾参选“总统”。统战部部门在这个骨节眼上突然频频来访，请她吃饭，转弯抹角地问起她与胡适的交情；还暗示，不妨通过香港的熟友联系联系，也不必一刀两断老死不相往来，胡适很有学问也很爱国的。陆小曼理解这种无孔不入的统战工作，但她觉得自己既非政界要人，也非胡适亲属，他当不当“总统”与我没有任何关系，陆小曼饭吃了，茶也喝了，但是却没有任何行动，也不知道从何做起。后来，有关方面就给她一个人民政府参事室参事，不知道出于何意。这时候的陆小曼基本足不出户，息交绝游。陪伴她的，仍然是翁瑞午。此时的翁瑞午一文不名，并且重病在身。他感到自己来日无多，特地将最要好的作家赵家璧和赵清阁请到家中。赵家璧和赵清阁来到陆小曼家，陆小曼将他们领到翁瑞午病榻前。翁瑞午

图81：年迈的陆小曼。

图82：陆小曼之墓。

不说话，只是看着，然后缓慢地伸出瘦骨嶙峋的手，颤萎萎地抱拳，拱手："我，恐怕就在这几天快要走了，今后拜托两位，多多关照小曼，我在九泉之下，会感激不尽的。"说着，流下两行老泪。赵家璧说："放心放心，我们也是小曼的好友，自然要关照好。你不要乱想，好好养病。"过了几天，赵家璧又来看他，翁瑞午僵卧在床，眼睛瞪着，口已不能言。

没有了翁瑞午的照顾，陆小曼身体也每况愈下，每隔三四天要发一次哮喘，表妹吴锦过来照料她。当时她吸中华烟，每支只吸一半，直立揿灭，排列在烟缸里，一式长短，纤毫无差，那后半支中华牌香烟将由吴锦继续享用。吴锦更多的是陪陆小曼说说话，所有的家务活则由一名叫桃桃的女佣操持。后来陆小曼不能下地，就坐在床上，由吴锦在背后抱着她，伸直脖子，上气不接下气，住院成了家常便饭。有一次哮喘与肺气肿齐齐发作，在医院住了一个多月。中秋节那天，赵清阁买了几只月饼给她，她的鼻孔内插着氧气管，憔悴不堪，气喘吁吁地对赵清阁说："难为你想到我，今年我还能吃上月饼，恐怕明年就——"说话间，她指指月饼，赵清阁知道她想吃一口月饼，就找了一块豆沙馅的拿给她，她吃得津津有味。过一会儿，她又低声说："可惜志摩死得太早，如果不死，我相信他不会跟着走胡适的道路，他可能会走闻一多的道路。唉，志摩要是不坐那架小飞机就好了。"赵家璧感慨地说："是啊，他要是不坐那架飞机就好了，不过——"她又说："至于他会走什么路，还是茅盾说得对：'我们不便乱猜'，但他留下的文学作品，将永远成为新中国文学宝库的一个重要组成部分。"

入冬后，陆小曼病情加重，勉强挨到一九六五年暮春，她对一直照顾她的表妹吴锦说："我不会好了，人家说六十三岁是一个关口，最近我常常梦见志摩，我们快，快重逢了！"吴锦安慰她："别迷信，你太爱胡思乱想了。"她无力地摇摇头："我还看到了王赓，他和志摩在那个世界里似乎还没有和解。唉，让他们去闹吧，反正我也要去了。”半个月后，陆小曼病逝于华东医院。这时候邵洵美也病卧在床，不能亲自去吊唁，只得派当年给小曼、志摩作干儿子的邵祖丞代替他向陆小曼告别，并作诗一首：

有酒亦有菜，
今天早关门，
夜半虚前席，
新鬼多故人。

看着老友一个个离去，属于他的时代也消失无踪，邵洵美感到自己是个多余的人，想起当年老上海的种种和几十年来的人世沧桑，又吟诗一首：

雨后凄风晚来急，
梦中残竹更恼人，
老友先我成新鬼，
窗外唏嘘倍觉亲！

悄悄的我走了，正如我悄悄的来

病愈后的邵洵美日子变得越发艰难，能卖的古董全卖了，能借的朋友全借遍了，日子还是要过下去，面对四个嗷嗷待哺的孩子和一贫如洗的家，他束手无策。有时候家里甚至连买米的钱也没有，饿着肚子走过斜桥，看那昔日自己居住的豪宅，他恍若隔世。已经没人认出他，当然也没人理睬他，回到家看到陈茵眉苦愁着脸，他十分难过。现在家中唯一值钱的是一张床，过去佣人睡的，也值不了几个钱，他只想换几个小钱过几天日子。他卖了几次，陈茵眉不同意，这天趁陈茵眉不在家，他偷偷拿去卖了，晚上一家人无床而眠，只好打地铺。

在南京的盛佩玉从没有忘记邵洵美，每月都从女儿工资里挤出十五元寄给他。有一天他们经过夫子庙，尝到南京的盐水鸭，非常美味，就对邵绡红说："你父亲从前可讲究吃和穿了，尝尽了山珍海味，从没听他说过南京的盐水鸭。"说到邵洵美眼下的苦难，她一时又潸然泪下，想买两只盐水鸭寄给邵洵美。可盐水鸭都是新鲜的，没法寄。又看到桂花鸭肫肝，是风干的，可以长时间保存，就买了五串，当天寄给了邵洵美。

半年后，盛佩玉回到上海，去看望邵洵美，却在公交车上意外看

图83：剑桥大学为徐志摩立下诗碑，上面刻有《再别康桥》诗句。

到邵洵美。当时他一人在马路上东张西望，一件洗旧的中山装挂在他身上，显得那么难看。那时候正是早上，盛佩玉奇怪他这么早到这里来干什么？她提前两站下车，走到发呆的邵洵美面前。邵洵美看到盛佩玉也吃了一惊，原来他住在自己的房子里也要交房租，那房子早被政府收回，搬进了很多平民。虽然一月八十块钱不算多，但对他来说仍然无法承受，他调剂到这个老弄堂里，一间房才二十平方，一个月只要五十块钱。盛佩玉上下打量着他，他的脚步有点蹒跚，眼神也有点浑浊，头发白得发灰，苍老衰弱，嘴巴一直嗫嚅着，不知道在说些什么，又仿佛在自言自语，与当年上海滩那个让人惊艳的希腊美男已判若两人。盛佩玉从手中布袋里取出两个肉包子，说："你早上吃过了吗？我这里有肉包子，是热的。"他听不见，耳朵也不好，盛佩玉大声对着他耳朵说："我这里有肉包子，你吃吧。"邵洵美仍没有听见，但是这一次他看到了，他可能饿坏了，也不客气，接过肉包子狼吞虎咽地吃起来。盛佩玉看着他的馋相，只有心酸。邵洵美吃完了，抬起眼睛看着盛佩玉，发现她在流泪，两颗沉重的眼泪也禁不住从他眼睛里滚落下来。带着她往家里走时，他说："你寄来的鸭膀肝实在太香了，不舍得吃，就挂在那里留着看，只用舌头舔一舔，浅尝辄止。"

冬天过去了，春天的到来并没有给邵洵美带来好运，旧病未除，新病又至，他患上肺源性心脏病，住在徐汇区中心医院重病房，看到病号们一个个离去，医院对他来说如同监狱，他决定放弃治疗。一来手头无钱，二来住院对他来说生不如死。几经周折，陈茵眉同意了。但是，像他这样的重病，回家就是等死。邵洵美在病痛中又煎熬了三个月，最后决定自杀。他早就知道患心脏病的人服食鸦片是要死的，他从前是鸦片鬼。现在，他要用鸦片自杀，必须要很大的剂量，但是他有他的办法：家里的孩子们工作的工作，支边的支边，他们每月会给家里汇来微薄的薪水，他一次积攒几元，一次积攒几元，终于在存下五十元之后，从地下渠道购买了鸦片，分三天服用三次。一九六八年五月五日，“文化大革命”正如烈油烹心的时刻，一代诗人邵洵美的生命走到了尽头。那天从早到晚，迷迷糊糊的邵洵美眼睛一直张开着，不时举起手在空中撩抓着，间或还说起话来，像是自言自语，又像是梦中所云。到了晚上八点，陈茵眉发现邵洵美下巴僵硬，便和他说话，他两眼圆睁气息全无。陈茵眉急了，赶紧给他打强心针，可是针尖已扎不进他的身体。陈茵眉哭起来，这时候邵洵美突然张开嘴，喷出几口鲜血。接着，眼光随之散去。

盛佩玉得到通知马上赶来，草草安葬了邵洵美，没通知朋友，更没有告知组织。这时邵洵美身无分文，尚欠着医院400元，欠着一年半房租600元，还欠着私人600多元。入棺时打开盖着的白被单，盛佩玉才发现邵洵美光着脚，连双鞋子也没有。床下放着他穿坏了的塑料凉鞋，总不能让他光着脚上路吧？她匆匆上街，在马路边的摊子上买了一双布鞋，那是一双黑色的布鞋，只花了两元钱。盛佩玉回到家，将布鞋穿在邵洵美那双苍白的、塑料似的脚丫子上。老上海最著名的大诗人，就穿着两元钱的布鞋踏上奈何桥。此时，他兄弟般的好友徐志摩正在天国静候他。也许，他的心里正在默念着他的那首诗：

> 悄悄的我走了，
> 正如我悄悄的来。
> 我挥一挥衣袖，
> 不带走一片云彩。

附录1：徐志摩年谱

1897年，一岁，1月15日生于浙江省海宁县（今海宁市）。

1900年，四岁，入家塾读书。

1907年，十一岁，入硖石镇开智学堂读书。

1909年，十三岁，冬，毕业于开智学堂。

1910年，十四岁，春，入杭州府一中，与郁达夫、沈叔薇等同窗。

1911年，十五岁，辛亥革命爆发，杭州府一中停办，休学在家。

1913年，十七岁，春，杭州府中学复学。七月，在校刊《友声》第一期上发表《论小说与社会之关系》。

1914年，十八岁，五月，在校刊《友声》第二期上发表《镭锭与地球之历史》。

1915年，十九岁，夏，中学毕业，考入北京大学预科。与张君劢之妹张幼仪结婚。婚后经张君劢介绍转入上海浸信会学院（即沪江大学前身）。

1916年，二十岁，春，从上海浸信会学院退学。秋，转入北洋大学法科预科学习。

1917年，二十一岁，因北洋大学法科并入北京大学，成了北京大学学生。

1918年，二十二岁，长子出生，学名积锴。经张君劢介绍，拜梁启超为师。从上海启程自费赴美留学。九月，入美国克拉克大学历史系学习。

1919年，二十三岁，在克拉克大学毕业，获该校一等荣誉奖。九月，考入哥伦比亚大学经济系，修硕士学位。此间，政治热情空前高涨。

1920年，二十四岁，九月，获哥伦比亚大学经济学硕士学位，学位论文题目为《论中国的妇女地位》。慕罗素大名赴英，罗素却已被剑桥大学辞退。十月，入伦敦大学政治学院攻读博士学位。秋，结识林长民及其女林徽因。冬，张幼仪到英国，夫妇住在伦敦郊外的沙士顿。

1921年，二十五岁，夏，与林徽因热恋。秋，送夫人张幼仪赴德留学。经英国语言学家欧格敦介绍，与罗素相识。

1922年，二十六岁，二月二十四日，次子德生（彼得）生于柏林。三月，由吴德生、金岳霖作证，在柏林与张幼仪离婚。由剑桥大学皇家学院的特别生转为正式研究生。七月，会见英国女作家曼殊斐尔二十分钟，此次会面，影响了徐志摩一生。八月十日，为追随林徽因，退学启程回国。开始创作《志摩的诗》。十二月，寄给林徽因用英文写成的散文《月照与湖》，以表达自己的思念与爱慕。但此时林徽因已与梁启超之子梁思成订了口头婚约。

1923年，二十七岁，三月，作诗《哀曼殊斐尔》悼念一月九日在法国逝世的曼殊斐尔。参与组建的“新月社”在北平成立。八月，去北戴河避暑，并作“北戴河海滨的幻想”。接祖母病重电报启程返家。中秋节偕堂弟徐永和游西湖。同胡适、陶行知、陈衡哲、马君武、汪精卫、任叔永、朱经农等十人到海宁观潮。

1924年，二十八岁，四月，泰戈尔抵上海，代表北方学界前往欢迎。泰戈尔访华期间，任随从翻译。陪泰戈尔到北京。梁启超、蔡元培、胡适等到站欢迎。泰戈尔在北京作了六次公开演讲。五月，为庆祝泰戈尔六十四岁生日，北京学界举行祝寿会。对林徽因的爱情之火再度燃起。陪泰戈尔会见溥仪，又联系与孙中山会面，因孙中山患病未成。陪泰戈尔赴太原。当晚在车站与林徽因痛苦作别。陪泰戈尔去日本东京。七月，专程送泰戈尔到香港。八月，在与林徽因失恋的痛苦中，开始与凌叔华通信达两个月，倾吐心中的痛苦。秋，任北京大学教授。主持新月社事务。在新月社的活动中，与陆小曼相识，不久两人坠入情网。

1925年，二十九岁，三月，辞去北京大学教授之职，准备去欧洲旅游，行前要陆小曼尽快与王庚离婚，启程出国。受聘为《现代评论》特约通讯员，途经苏联的赤塔、西伯利亚、莫斯科等。次子彼得（德生）因病于柏林夭折。到达柏林，得知儿子的死讯，非常悲痛。四月，在法国漫游，抵意大利期间作诗“翡冷翠的一夜”。六月中旬，抵法国。七月上旬，在英国经狄更生介绍，拜会哈代。接陆小曼生病催他回国的电报，月底到北京。八月，开始记恋爱日记，至九月十七日止，后被编入《爱眉小札》。第一本诗集《志摩的诗》出版。

1926年，三十岁，二月，回南方老家度春节，并就与陆小曼的婚事与父亲商量。父亲原则上同意，但提出了苛刻的条件。八月十四日，与陆小曼在北海公园举行订婚仪式。十月，与陆小曼在北京北海公园结婚。婚礼由胡适主持，梁启超证婚并致词，对其二人进行讽刺与批评。辞去《晨报副刊》主编职务，离京南下。住在家乡硖石，打算隐居著书。十二月，为避战乱，抵上海。

1927年，三十一岁，春，与胡适、闻一多、邵洵美等人筹建的新月书店在上海成立。秋，任光华大学教授，兼任东吴大学法学院教授。散文集《巴黎的鳞爪》由上海新月书店出版。第二本诗集《翡冷翠的一夜》由新月书店出版。十二月二十七日，与陆小曼在上海夏令匹克戏院同演《玉堂春》。

1928年，三十二岁，夏，因不满陆小曼的生活作风而出国旅游。先到日本，后去美国。离美赴英。在英国参观了恩厚之创办的农村建设基地，再次激起他在中国进行农村建设的愿望。《志摩的诗》由上海新月书店出版。秋，离欧赴印。抵印度，在印度期间参观了泰戈尔创办的国际大学和山迪尼基顿农村建设实验基地并在国际大学做演讲。十一月上旬，抵沪。

1929年，三十三岁，春，《新月》月刊改组，闻一多离开编辑部，梁实秋、潘光旦、叶公超、饶孟侃、徐志摩为编辑。六月，辞去东吴大学、大夏大学教授之职，继续在上海光华大学任教。七月，离开《新月》月刊编辑部，编务移交梁实秋。九月起，在南京中央大学谋得一职，在南京与上海之间辛苦奔波。

1930年，三十四岁，秋，辞去南京中央大学教授之职，再拟办《诗刊》。应胡适之邀，到北京大学办校务。去沈阳探林徽因病。冬，光华大学闹学潮，徐被赶出学校。

1931年，三十五岁，二月，决定听从胡适劝说，北上北平。任北京大学英文系教授，兼任北京女子大学教授。仍兼上海中华书局、大东书局编辑。在北平、上海之间来回奔波。二月二十四，抵北平。二月二十六日，在致陆小曼信中谈及林徽因患肺病“已深入到危险的地步”，“这岂不是人生到此天道宁论”？得知沈从文为了救胡也频生活无着的消息后，立即为沈从文落实了两本书的出版情况。三月，多次劝陆小曼离开上海到北平。四月，在燕京大学、清华大学作演讲，批驳胡先骕攻击新诗的论调。徐志摩南归奔母丧，因父亲不让陆小曼戴孝而与父亲发生争执。六月，筹集沈从文送丁玲母子回湖南常德的费用。七月，在上海与邵洵美、罗隆基商量改进《新月》月刊，徐与邵主张不谈政治，最好搞成纯文艺的，但罗不同意，新月社内部分歧开始严重。

十一月，由北平抵沪。与陆小曼见面即发生争执。访刘海粟、罗隆基，乘早车到南京。十一月十九日，大雾。林徽因当天晚上要在北平协和小礼堂演讲中国建筑艺术，准备到场参加，搭乘中国航空公司的邮政班机“济南号”启行。飞机失事，遇难身亡，终年三十五岁。

附录2：邵洵美年谱

1906年，一岁，生于上海，名云龙。父亲邵恒，邵友濂次子。母亲盛樨惠，盛宣怀四女。由于伯父邵牙颐长房无子，邵洵美过继给长房为子。

1911年，五岁，入私塾读书。

1922年，十六岁，入圣约翰中学读书。同年转入上海南洋路矿学校就读。

1923岁，十七岁，南洋路矿学校毕业，同年作诗歌“白绒线马甲”，表达对表姐盛佩玉的情意。

1924年，十八岁，与盛佩玉订婚。

1925年，十九岁，二月，赴欧洲留学，途经意大利，上岸逗留。四月抵达伦敦，寄住在剑桥教授慕尔家中。结识徐悲鸿、张道藩等人，组成天狗会。

1926年，二十岁，中断学业回国，结识徐志摩、郁达夫、刘海粟等人，第一部诗集《天堂与五月》由光华书局出版。

1927年，二十一岁，一月十五日在上海跑马场对面的大华舞厅举行盛大婚礼。三月出任南京特别市秘书长，三个月后辞职。十月一日，长子邵潮出生。

1928年，二十二岁，创办金屋书店。五月，第二本诗集《花一般的罪恶》出版。

1929年，二十三岁，一月，《金屋月刊》创刊。五月，泰戈尔访华，邵洵美携妻到徐志摩家拜访泰戈尔，生母盛樨惠去世。

1930年，二十四岁，十一月，和胡适等人发起成立世界笔会中国分会，任秘书长。创办《时代画报》，斥巨资引进当时世界最先进的影写版印刷机，《时代画报》第二期开始出版影写版。

1931年，二十五岁，一月，长女小玉出生，创办《诗刊》，由徐志摩、邵洵美主编。四月，接手新月书店，出任总经理。十一月十九日，徐志摩坠机身亡，作诗作“天上掉下个徐志摩”。

1932年，二十六岁，一月，淞沪战争爆发，《时代画报》停刊。正月初一，次女小红出生。八月，携妻北上，与“新月”股东商讨“新月”出路。九月，《论语》杂志创刊，由林语堂主编。

1933年，二十七岁，二月，萧伯纳来上海，出面接待萧伯纳。八月，创办《十日谈》旬刊，《生活周刊》被查封。

1934年，二十八岁，时代图书公司进入全盛时期，《时代漫画》、《人言周刊》、《万象》相继创刊。

1935年，二十九岁，年初结识美国作家项美丽，陪其前往南京游历。《时代电影》、《声色画报》（中英文对照，项美丽主编）、《文学时代》相继创刊。冬天，家中银楼倒闭。自驾车去杭州发生车祸。

1936年，三十岁，九月，同郎静山、项美丽一同游黄山。

1937年，三十一岁，六月，四女小燕出生。八月十三日，淞沪战争全面爆发。三次逃难搬家，一度接印《中华画报》、《良友画报》，与项美丽一同编辑抗日刊物《自由谭》。

1939年，三十三岁，年初，秘密印刷发行毛泽东的《论持久战》。

六月，陪同项美丽前往香港，安排会见宋氏三姐妹，为项美丽写作《宋氏三姐妹》收集资料。

1940年，三十五岁，年初，五女小多出生。隐居在家，研究集邮，颇有心得。

1942年，三十七岁，次子小马出生。日本上海宪兵队长冈村适三通熊剑东游说邵洵美联络重庆政府“中日议和”，邵洵美拒绝。

1944年，三十九岁，去重庆，在杭州遇阻，耽搁数月。

1945年，四十岁，辗转到浙江淳安，由于受其弟邵式军身份牵连，被国民党军统上海站误扣两个月，八月抗日战争才回到上海，着手恢复时代图书公司。

1946年，四十一岁，创办《见闻》时事周报，受陈果夫之托，陪同颜鹤鸣去美国购买电影拍摄机械，考察电影公司。会见卓别林，访问老友林语堂不遇，接着访问项美丽、宋霭龄——年底回到上海，创办杂志《论语》。

1949年，四十四岁，时局动荡，胡适邀求去台湾，叶公超也提出帮助他将印刷厂和机器整体搬至台湾，经过考虑，他决定留在上海等待解放。五月二十四日上海解放，夏衍来访，商量购买他的影写版印刷机的事，后来这台国内最先进的印刷机卖给人民政府，后来机器与工人全部搬迁至北京，印刷了《人民画报》。时代书局配合形势出版了介绍马列主义、毛泽东思想、苏联生活、近代历史等多种书籍。

1950年，四十五岁，元旦过后全家来到北京，商量时代书局创办北京分店之事。时代书局出版的图书遭到当局强烈批判，新华书店全面退货。

1951年，四十六岁，书局遭到前所未有的困境，加上没有合适的工作，又不适应北京气候，全家人回到上海，书局关门。

1952年，四十七岁，尝试开化工厂，由于技术不过关，最终失败，工厂盘给他人。

1954年，四十九岁，夏衍得知他没有生活来源，介绍他为上海相关出版社翻译国外名著，每月预先支付两百元稿费。

1955年，五十岁，为人民出版社和人民文学出版社翻译了泰戈尔的《家庭与世界》、《两姊妹》、《四章书》。由于当时中印关系恶化，译著未能出版。

1957年，五十二岁，五月，参加上海市政治协商会议哲学学习班，得到了政协业余大学毕业证书。

1958年，五十三岁，十月，反右开始后，以“敌特嫌疑”身份被逮捕入狱，被捕的原因说法不一，其中一种说法是托叶灵凤带到香港的一封信被截获，信的内容是请项美丽偿还一笔陈年旧款，帮助在香港的小弟治病。

1962年，五十七岁，出狱，身体在狱中毁坏，极度虚弱，许多老友来看望他，包括施蛰存与陆小曼。生活难以为继，靠变卖家当为生。

1966年，六十一岁，文革开始，生活陷入绝境。

1968年，六十三岁，五月五日，在贫病交加中去世。